·上海市公共管理一流学科项目资助·

风险化解中的治理优化

Optimization of Governance in
Social Risk Resolution

姚尚建／著

中央编译出版社
Central Compilation & Translation Press

图书在版编目（CIP）数据

风险化解中的治理优化 / 姚尚建著.
—北京：中央编译出版社，2013.9
ISBN 978－7－5117－1771－9

Ⅰ. ①风…

Ⅱ. ①姚…

Ⅲ. ①社会管理－研究－中国

Ⅳ. ①D63

中国版本图书馆 CIP 数据核字（2013）第 216083 号

风险化解中的治理优化

出 版 人	刘明清	
出版统筹	薛晓源	
责任编辑	盛菊艳	
责任印制	尹 珺	
出版发行	中央编译出版社	
地　　址	北京西城区车公庄大街乙 5 号鸿儒大厦 B 座（100044）	
电　　话	（010）52612345（总编室）	（010）52612335（编辑室）
	（010）66161011（团购部）	（010）52612332（网络销售）
	（010）66130345（发行部）	（010）66509618（读者服务部）
网　　址	www.cctphome.com	
经　　销	全国新华书店	
印　　刷	北京瑞哲印刷厂	
开　　本	787 毫米×1092 毫米　1/16	
字　　数	200 千字	
印　　张	13.75	
版　　次	2013 年 9 月第 1 版第 1 次印刷	
定　　价	45.00 元	

本社常年法律顾问：北京市吴栾赵阎律师事务所律师　闫军　梁勤
凡有印装质量问题，本社负责调换，电话：010－66509618

目 录

导 论 …………………………………………………………………… 1

第一章 社会怨恨的蔓延 ……………………………………………… 1

　第一节 农业帝国的秩序理想 ……………………………………… 1
　　一、农业社会的治理停滞 ………………………………………… 1
　　二、儒家社会的秩序理想 ………………………………………… 5
　　三、秩序背后的政治怨恨 ………………………………………… 9

　第二节 过渡社会中的风险形成与社会不满 …………………… 13
　　一、过渡社会的双重权威丧失 ………………………………… 13
　　二、现代社会分化中的风险形成 ……………………………… 16
　　三、社会整合中的风险恶化 …………………………………… 20

　第三节 社会转型中的怨恨蔓延 ………………………………… 23
　　一、价值差异导致的认识差异 ………………………………… 23
　　二、社会怨恨的形成 …………………………………………… 25
　　三、社会怨恨的结构：差异比较、隐忍和单项作用 ………… 28

　本章小结 …………………………………………………………… 31

第二章 过密治理中的社会突围 …………………………………… 33

　第一节 国家控制与过密治理的制度基础 ……………………… 33
　　一、国家的家庭属性：中国政治叙事的独特视角 …………… 34
　　二、古代社会对于国家的依附：脆性社会的产生 …………… 37

三、现代中国对于过密治理的强化 …………………………… 41
第二节　社会生长与过密治理的制度危机 ……………………… 43
　　一、中国政府过密治理的制度延伸 …………………………… 44
　　二、中国政府过密型治理的制度困境 ………………………… 49
　　三、过度治理中的过分纠正 …………………………………… 54
第三节　过密治理的消解与社会突围 …………………………… 57
　　一、社会冲突对于过密治理的消解 …………………………… 57
　　二、社会运动背后的力量形成 ………………………………… 60
　　三、社会力量的平衡、规范与控制 …………………………… 63
本章小结 …………………………………………………………… 65

第三章　社会暴力的触发 …………………………………………… 67
第一节　社会焦虑的内部形成 …………………………………… 67
　　一、社会焦虑的个体属性 ……………………………………… 68
　　二、社会焦虑的集体连接 ……………………………………… 69
第二节　社会暴力的发生环境 …………………………………… 72
　　一、暴力产生的政治环境 ……………………………………… 72
　　二、暴力扩散的认知环境 ……………………………………… 73
　　三、暴力深化的空间环境 ……………………………………… 77
　　四、暴力延续的经济环境 ……………………………………… 80
第三节　社会暴力的边缘触发 …………………………………… 83
　　一、国家社会冲突的边缘地带 ………………………………… 83
　　二、整合的社会与治理的碎片 ………………………………… 87
　　三、边缘暴力的社会表达管道破坏及后果 …………………… 89
第四节　社会暴力的基本类型 …………………………………… 92
　　一、从个体暴力到社会暴力 …………………………………… 93
　　二、中国社会暴力的历史演变 ………………………………… 96
　　三、中国社会暴力的当代分类 ………………………………… 99

第五节　社会暴力的基本结构 …………………………………… 106
　　　　一、社会暴力的主体 ………………………………………… 107
　　　　二、社会暴力的客体 ………………………………………… 110
　　　　三、社会暴力的过程 ………………………………………… 112
　　本章小结 …………………………………………………………… 114

第四章　社会暴力的极化与控制 ……………………………………… 117
　　第一节　社会暴力的极化路径 …………………………………… 117
　　　　一、社会暴力的区域极化 …………………………………… 118
　　　　二、社会暴力的家族极化 …………………………………… 120
　　　　三、社会暴力的阶层极化 …………………………………… 122
　　　　四、社会暴力的心理极化 …………………………………… 125
　　第二节　社会暴力的边界控制 …………………………………… 128
　　　　一、从社会暴力到社会犯罪：三个视角 …………………… 129
　　　　二、社会暴力的边界控制 …………………………………… 132
　　第三节　社会暴力治理的技术批判 ……………………………… 137
　　　　一、社会暴力治理的技术崇拜 ……………………………… 137
　　　　二、社会暴力治理的技术局限 ……………………………… 140
　　第四节　社会暴力治理的结构批判 ……………………………… 143
　　　　一、社会暴力化解的主体批判 ……………………………… 144
　　　　二、社会暴力化解的逻辑批判 ……………………………… 148
　　　　三、社会暴力化解的路径批判 ……………………………… 151
　　　　四、社会暴力化解的结果批判 ……………………………… 153
　　本章小结 …………………………………………………………… 155

第五章　社会暴力化解中的治理重建 ………………………………… 157
　　第一节　治理价值的分歧与批判 ………………………………… 157
　　　　一、政府价值的实现：理想的政府 ………………………… 158
　　　　二、政府价值的分歧：政府的理想与理想的政府 ………… 160

三、社会的一致：多重利益与共同目标 …………………… 163
　　四、政府的分立：单边治理与多重指向 …………………… 165
第二节　社会暴力下的治理演化 ………………………………… 167
　　一、社会暴力产生的逻辑辩护 ……………………………… 167
　　二、双重压力下的地方政府 ………………………………… 170
　　三、暴力化解中的政策持续 ………………………………… 173
　　四、暴力化解中的关系型塑 ………………………………… 176
第三节　全面治理中的价值重建 ………………………………… 178
　　一、公共生活中的公共理想 ………………………………… 179
　　二、政治宽容与政府理性 …………………………………… 181
　　三、以社会重建政府：目标、价值与资本 ………………… 185
第四节　全面治理中的制度修复 ………………………………… 188
　　一、权力异化中的治理无效 ………………………………… 188
　　二、临时制度的信任缺乏 …………………………………… 191
　　三、治理拼接的制度危机 …………………………………… 194
　　四、被建构的制度及其生长 ………………………………… 196
本章小结 …………………………………………………………… 198

主要参考文献 ……………………………………………………… 201
后　　记 …………………………………………………………… 208

导 论

变革的中国伴随着不稳定的社会,在一个快速发展的国家尤其需要社会秩序的时候,中国却快速进入社会高风险期。作为社会风险的极化形态,社会暴力充斥于各大媒体每天的新闻焦点。关注社会风险、消除社会暴力成为这一时期各级政府需要解决的重要问题。

清华大学社会发展研究课题组 2010 年研究报告称,中国的维稳费用已经逼近国防预算。这样的报告给我国的社会整合机制带来很多思考。有官员解释了我国维稳经费增加的原因:"由于我国现行体制和国情决定了我国政府是全能型政府,对国家安全、社会安全和公民安全负有无限责任,政府在维护国家安全、社会安全和公民安全方面不仅承担着基本公共服务职能,而且也承担着社会管理职能,其成本预算是根据政府的职能和任务来确定的,所以,当政府部门认为维护国家安全、社会安全和公民安全的任务迫切需要哪些投入时,可能就会列入预算中或者动用临时资金予以安排。在这种情况下确实可能会发生维稳投入在整个财政中的占比过大的问题。"[①]

社会风险首先来自社会,因此社会风险的化解机制也应该首先在社会之中寻求答案。但是在全能主义政府思维之下,在化解社会风险中,国家仍然承担着主要的功能,这种国家功能的全面行使消弭了社会自我修复的可能性。国家以全面渗透的形态延伸到社会各单元之中,以无限扩张的权力捆绑社会自主性,从而也承担无限的整合成本。可以看到的是,在社会

---

① 赵永琛:《维稳的成本和收益》,载《红旗文稿》,2012 年第 21 期。

风险处理中，政府无所不在，但是社会主体自身的缺位对于风险化解的必要性往往得不到充分的重视。

从政府管理的角度看，我国政府对于社会风险的化解纳入了应急管理的重要内容。我国现有的政府应急管理开始于2003年的"非典"应对，但是仅仅从公共危机的视角来分析我国改革开放深入下的社会风险是远远不够的，和谐的社会必须是正义的社会，正义的社会在中国是一个长期治理的过程，社会风险的爆发从表面上看是对秩序的破坏，因此从表面上看社会风险的治理应该是秩序的恢复与重建。但更为重要的是，公共危机管理背后意味着正义的修补。而这一修补是一个从风险管理走向风险治理的演变过程。个体性的社会风险管理使社会风险的化解似乎有了更多的渠道，但是积极社会首先是必须得到良好整合的社会，正如达尔所说，社会变量决定着民主的程度，固化的社会结构维持了社会的非制度刚性，也催生了社会自组织的进程。而一些社会风险的爆发加快了社会自组织的步伐，而组织完善的社会又反过来行使着社会治理的责任。

在中国，单一制国家的秩序优先内在形成对稳定机制的刚性诉求，压力维稳的理想在于，任何社会发展的边界必须在国家力量控制之内。但是，"中国封建社会的历史告诉我们，人类的社会组织应该是具有足够的弹性的：一方面它内部各子系统之间要相互谐调适应；另一方面又要各自具有一定的独立性。如果高度的一体化，用政治结构与意识形态相结合的强大调节能力去控制一切领域，这样强控制的后果必然是可悲的。因为它在社会稳定时期有效地遏制了新因素的萌芽，而它在解体时又采取脆性崩溃的方式。这样的结构，是既不利于新结构的成长，又不利于社会结构进步的"。[①] 中国的社会风险化解的逻辑悖论正在于此，当政府以维持稳定的名义进行网格化管理时，恰恰消灭了社会自我治理的萌芽，而无序的社会给政府形成更大的压力，并为压力维稳提供更大的社会负面诉求。

[①] 金观涛、刘青峰：《兴盛与危机——论中国封建社会的超稳定结构》，法律出版社2011年版，第222页。

因此，基于以上分析，有必要重新反思风险社会中的政府管理，从风险社会与政府管理两个层次入手，对社会危机管理与风险化解进行研究。在本书中，我们选择在制度性不足的条件下，社会生长的力量如何演化为一种社会风险甚至社会暴力，并从社会暴力的发生与消解入手，来初步回答社会治理中的政府转型问题。

第一章　社会怨恨的蔓延

在金观涛先生看来，现代社会起源于三个方面：不断扩张的市场经济、工具理性及个人权利等现代价值系统、民族国家的政治认同及现代政治共同体的建立。① 从这样的角度来思考中国，便不难看出，三个方面都处于不同的生长阶段。在当代中国，市场经济的扩张带来的个人权利的生长，既挑战着社会的秩序，也在一定程度上挑战着现代国家的政治认同，在这种挑战中，社会矛盾的频发既有社会发育的良性意义，也给当代中国治理带来巨大的历史性课题。

第一节　农业帝国的秩序理想

中国拥有着漫长的文明史，在中国文明的形成过程中，也形成了特定的治理形态与政治理想。但是与西方工业革命对于社会冲击不同，中国长期以来的小农经济深刻地影响着国家的社会结构与政治演进。

一、农业社会的治理停滞

中国传统上是一个农业社会国家，然而农业社会的散居状态与秩序之间却没有形成一定张力，这得益于儒家思想对于秩序的追求。"中国自秦汉以降，才形成一个广土众民的大帝国，拥有一个统一的政治体系及一个

---

① 金观涛：《探索现代社会的起源》，社会科学文献出版社 2010 年版，第 27 页。

统一的文字传统,自此,我们可以说传统中国是一文化、一社会,这个文化以儒家价值系统为主导,这个社会以儒家的制度设计为基调。"① 统一文化之上的儒家精神以秩序作为政治统治的前提和根本目标,从而强化了中国超稳定的社会形态。

首先,农业社会的散居状态。马克思在《政治经济学批判》序言中指出:"无论哪一个社会形态,在它所能容纳的全部生产力发挥出来以前,是决不会灭亡的;而新的更高的生产关系,在它的物质存在条件在旧社会的胎胞里成熟以前,是决不会出现的。所以人类始终只提出自己能够解决的任务,因为只要仔细考察就可以发现,任务本身,只有在解决它的物质条件已经存在或者至少是在生成过程中的时候,才会产生。大体说来,亚细亚的、古代的、封建的和现代资产阶级的生产方式可以看做是经济的社会形态演进的几个时代。"② 在马克思那里,东方社会意味着马铃薯一样的生活状态。这种建立在土地原始共有基础上的"亚细亚生产方式"成为中国帝国政治的前提。

自然生活状态吻合了中国的天下理念,在国家边界模糊化的时期,也相应地形成了粗放的治理形态,中国的社会形态只是在魏特夫所谓"治水"中才形成结构的联合。在近代史开启之前,中国长期处于这种相对散居、自给自足的社会状态,传统农业部门以"天不变,道亦不变"的世界观为基础,形成低水平的耕作方式和生产技术,原始的生产工具和生产技术迫使农民一家一户地在小块土地上耕作,他们的衣食住行、生老病死等基本活动,均局限于与外界隔绝的村落之中③。

其次,家国同构中的社会停滞。农业社会的散居状态从表面上看加大了中国政治一致性的困难,但是,"生产劳动只能一方面以生产条件的公有制为基础,另一方面以个人尚未脱离氏族或公社的脐带这一事实为基

---

① 金耀基:《中国的现代转向》,牛津大学出版社 2004 年版,第 4 页。
② 《马克思恩格斯选集》第 2 卷,人民出版社 1995 年版,第 33 页。
③ 杨志经:《跨越传统农业——我国二元经济结构与社会主义市场经济体制的建立》,甘肃民族出版社 1998 年版,第 21—22 页。

础。在农村公社内部，单个的人同自己的家庭一起，独立地在分配给他的份地上劳动；每一个单个的人只有作为这个共同体的成员，才能把自己看做所有者或占有者。牢固的宗法血缘关系把单个的人锁在这个共同体上，成为共同体不可分割的一个组成部分。这种以自然经济为基础的生产方式导致与这种生产方式相适应的宗法血缘关系，而这种宗法关系一旦形成，又反过来加强这个生产方式的牢固性、封闭性和排他性。"①

这样的判断也从中国传统的政治思想中得到证明，氏族的扩大使结合了传统自然状态的中国家庭结构不停扩大，这种扩大既包括了权力的扩张，也包括了治理国家的价值泛化。汤一介先生发现，世界上绝大多数民族的早期历史都经历了"家族、私有制、国家"这三个相同的先后更迭的历史阶段。家族制度是原始社会末期父系氏族公社的产物。而私有制经济则是在家族经济这个母体中孕育并不断发展起来的。但是，私有制经济发展到一定的阶段，它就会毫不留情地冲击并最终从根本上摧毁家族制度。但是在中国，古代的家族制度过于强大，历史并未沿着一条从家族到私有制经济再到国家、由国家从根本上代替家族的道路，而是走着这样一条特殊的历史之路——即家族过渡到国家，家族完全进入了国家政权机构之中。在这一过程中，"中国古代的宗族内部的上下尊卑的等级秩序几乎原封不动地成为了国家政治统治的行政序列，家族内部所特有的宗法血缘关系在实质上也就是国家制度内统治者内部的政治关系"②。

家国同构的根本逻辑在于，国家以家庭的结构认知捆绑了社会，在国家与家庭之间，并没有可以从事公共讨论的边缘地带，于是这种家国之间的无缝对接使社会从此失去生长的制度性环境。同时，从治理过程上看，由于家庭对于国家治理空白的补充，也从逻辑上扫清了社会自我治理的逻辑可能。同样，由于中国社会发自国家之下，因此，中国的社会形态从其发育之日起就无法消弭血缘宗法的深刻影响，中国的熟人社会就此发轫。

---

① 高德步：《世纪经济史》（第2版），中国人民大学出版社2005年版，第46页。
② 汤一介：《中国儒学文化大观》，北京大学出版社2001年版，第327页。

第三，制度僵化中的治理停滞。散居的社会形态并不是中国政治的基本特征，在散居社会的背后，是国家秩序强化的努力。在西周封建制度的建设过程中，隐含着权力整合的可能性。由于分封诸侯，周天子最终沦落为诸侯中的一部分而无法遏制诸侯之间对于最高权力的觊觎。秦始皇统一国家，使秦国的严厉的法家思想成为统一帝国的治国之本，中国历史开始了高度内卷化的进程。

自秦汉以来，中国的历史是一个围绕中央集权的制度建设史，在不同的时期，围绕君权相权关系的中央政府制度、围绕地方监督而形成的地方政府制度、围绕重农抑商的国家经济制度、围绕科举选士的国家考试制度等，所有这些无不加强了天子对于全国范围的统辖。但是正如钱穆先生所说："一项好制度，若能永远好下去，便将使政治窒息，再不需后代人来努力政治了。唯其一切制度都不会永远好下去，才使我们在政治上要继续努力，永久改进。制度也只是历史事项中之一目，人类整部历史便没有百年不变的，哪有一项制度经过一两百年还算得是好制度呢？"①

即使如此，中国的政治制度仍然有着其代际继承性，针对制度实施中的一些问题，只需要对制度进行细节修补就可以了。秦汉以来，中国历史虽经朝代更替，但是中国历代新的政治统治者在"法先王之法"的制度模仿中难以推动制度的革新。血缘、宗法强化了中国专制主义制度，使之日趋完善，而完善的制度反过来又窒息了政治，就在这样的千年延续与自我陶醉中，中国的治理停滞了，"中国社会从公元前3世纪直至20世纪就这样以相同的方式重复着。同样的坚如磐石的建筑经受了时间的考验。它几乎不给个人以自由，以为个人被认为不能分辨哪些东西对自己有用。在自由社会里，每个人都是整个人类的体现，个人被认为比集体更了解哪些东西适合于自己；中国社会正与此相反"②。

---

① 钱穆：《中国历代政治得失》（新校本），九州出版社2012年版，第38页。
② 〔法〕佩雷菲特：《停滞的帝国——两个世界的撞击》，王国卿等译，生活·读书·新知三联书店1993年版，第626页。

第四，政治制度的更替手段。奉天命而治理国家的君主掌握着国家的命运，也掌握着历史的兴替，在《停滞的帝国——两个世界的撞击》一书的扉页，记载着黑格尔对于中国历史的判断："中华帝国是一个神权政治专制国家。家长制政体是其基础；为首的是父亲，他也控制着个人的思想。这个暴君通过许多等级领导着一个组织成系统的政府……中国的历史从本质上看是没有历史的；它只是君主覆灭的一再重复而已。任何进步都不可能从中产生。"①

僵化的制度窒息政治，（1）是指其对于政治发展内生动力的遏制，即由于制度模仿，后来的政治统治者无力改变政治架构；（2）僵化的制度也使体制外的革命力量成为可能，中国改朝换代的农民起义风起云涌就是典型一例；（3）即使体制外的革命力量无法改变现有制度，外来国家的政治干预也可能瓦解传统帝国的政治体制，近代史上的多次失败的战争就是一例。在1894年战争爆发之前，日本舰队司令伊东写了一封信给当年的中国统带丁汝昌，信中说："贵国面前的处境……源于一种制度。你们指定某人担任一项职务时只考虑他的文学知识。这是几千年来的传统：当贵国与外界隔绝时，这一制度可能是好的。现在它却过时了。在今日的世界里已不可能与世隔绝了……谁想忠诚地为自己的国家效力，谁就不应该让自己被面临的大潮所席卷。最好是改革这个有着光荣历史、幅员广大的世界上最古老的帝国，以使它永远立于不败之地。"② 过时的制度如果失去自我更新机制，那么从体制外瓦解就成为历史进程中的必要环节了。

二、儒家社会的秩序理想

史华慈（B. Schwartz）认为，中国文化中所共有的文化取向是：一个普遍的"社会—政治"的秩序观。在这个秩序观中，显化了秩序在"神圣

---

① 〔法〕佩雷菲特：《停滞的帝国——两个世界的撞击》，王国卿等译，生活·读书·新知三联书店1993年版，第614页。

② 同上，第614—615页。

界"与"俗世界"中的优位性与整体性①。在分析这种优位性与整体性上，仍然有必要分析作为主流意识形态的儒家对于社会秩序的基本追求。

首先，儒家重建社会的秩序理想。中国传统社会是一个农业社会，在周朝天子获得国家权力以后，中国的封建时代也随之到来。诸侯分封的过程既包括中央政治制度的建设过程，也伴随着中央与地方关系的重建。在确定对天下的所有权与经营权关系之后，周礼于是建立了严格的等级制度以维持这种所有权与经营权关系，但是由于约束机制的衰落，诸侯国的经营权开始强势增长，最终形成了对已有制度的质疑，所谓"问鼎中原"就是其中之极致。

从现实来看，礼崩乐坏摧毁的不仅是周朝的制度，也摧毁了农业社会时期先民的安定生活。战乱不已，农耕无法进行，人口凋零就成为必然。从政治理想看，当国家秩序崩溃、道德沦丧之日，往往就是秩序重建之时。因此春秋之变、战国之争乃是一次深刻的、全面的政治认向危机、社会规范危机；而建立"一统的君主秩序"是春秋战国时期的思想家的一种"意识形态共谋"，更是原始儒家的诉求之一②。

其次，构建社会秩序的基本途径。儒家社会秩序本质上是一种伦理秩序，而"儒家伦理精神，就其表现说，是一种既人世而又超越的人生态度。它把人的本原善性（社会伦理性）作为追求目标，把实现这种善性的过程作为道德修养实践，要求人人成圣成德，以造成一种理性主义的人类生活秩序"。③因此基于这样的认识，在孔子等儒家思想家看来，重建社会秩序必须唤醒民众及君主的道德自觉。

儒家社会还是一种理想类型的社会。"就其实质来说，儒学社会是一种以《论语》《孟子》《礼记》等儒家经典为道统核心而建构起来的君主秩序的理想类型。"④ 因此，在儒家社会里，社会秩序等同于政治秩序，政治

---

① 金耀基：《中国的现代转向》，牛津大学出版社2004年版，第5页。
② 陈劲松：《儒学社会通论》，中国人民大学出版社2007年版，第143页。
③ 刘宗贤：《儒家伦理：秩序与活力》，齐鲁书社2002年版，第67页。
④ 陈劲松：《儒学社会通论》，中国人民大学出版社2007年版，第143页。

秩序则等同于君主秩序。因此恢复社会秩序即首先恢复君主专制，然后在君主专制之下逐次形成社会等级尊卑。于是，从伦理秩序和理想社会出发，儒家社会秩序的形成一定基于君主与民众两个方面的合力，从君主角度，如何避免人民的反抗？在孔子看来，"为政以德，譬如北辰，居其所而众星共之"①，一个明智的君主应该首先是个道德完美的人，这样才提供了普通百姓内圣外王的可能性榜样。而在圣明君主之下，官员们通过政治教育实现社会的完美道德，并以这种美德教化百姓，正如费孝通先生说，在中国这个礼治社会中，"既有不民主的横暴权力，也有着民主的同意权力，但是在这两者之外还有教化权力，后者既非民主又异于不民主的专制，是另有一工的"②。

因此儒家的政治思想赋予了为政者强势地位，为政者既是立法者，还是立法解释者；既是制度执行者，也是道德楷模。如果为政者背离了双重身份的约束，必将首先获得必要的粉饰，在粉饰失败之后，可能导致社会的动荡。这种内卷化的社会形态以种种礼仪显示出来，即使对于西方人来说，这个庞大的东方帝国也"是一个讲究用词和姿态的帝国；用赞美之词谈论中国就意味着同意进入中国体制，这就等于作一次叩头"③。

第三，儒家社会的秩序张力。"儒学社会中的王朝所建立的现实秩序主要体现为以姓氏或家天下为外在特征的、以皇帝郡县制度为实质内容的王朝秩序，以及以村落聚居为外在特征的、以宗法伦理为实质内容的乡土秩序。儒学社会通过历代王朝所建立的现实秩序同样具有质的同一性。王朝秩序或者乡土秩序都显示出儒学社会存在着一个恒久的社会分层体系，而正是这个社会分层体系维护着儒学社会质的同一性。"④ 但是这样的乡土秩序职能在乡土社会中才能加以确认，正如费孝通先生强调的那样："礼

---

① 《论语·为政》。
② 费孝通：《乡土中国》，人民出版社2008年版，第85页。
③ 〔法〕佩雷菲特：《停滞的帝国——两个世界的撞击》，王国卿等译，生活·读书·新知三联书店1993年版，第182页。
④ 陈劲松：《儒学社会通论》，中国人民大学出版社2007年版，第304页。

治的可能必须以传统可以有效地应付生活问题为前提。乡土社会满足了这前提，因之它的秩序可以礼来维持。在一个变迁很快的社会，传统的效力是无法保证的。"①

同样，道德治理是否存在边界，这已经为后来的治理变革所证实。即使从儒家伦理的角度看，性善论的假设对于制度设计来说是困难的。熟人社会只能推行费孝通先生所说的礼治秩序与长老政治，建立起人们对于传统与权威的自觉认同。但是应该看到的是，社会的变迁远远不是儒家理想主义所想象的那样，孔子所追求的理想社会最终频繁遭遇政治权力野心家的武力挑战，儒家社会的温情脉脉无法阻挡外来的颠覆性力量。在国家统一之后，儒家思想消解了国内百姓抗争的可能性，但是无法防止异族入侵，南宋的覆亡就是国家发达而灭亡的一个典型。

此外，社会发展的目标是社会公平，儒家社会的君臣父子关系打通了社会结构的阻隔，但是家国同构的体系决定了社会分配必须建立在一个贤明的君主或家长基础上。那么原先的制度设计了家庭对于国家的依附，但是没有能够设想家族政治可能对于国家秩序的冲击。在春秋战国时期，在礼崩乐坏的背后是三家分晋、田氏代齐，是权臣、内宫、外戚等政治家族势力的崛起，因此，即使没有社会发育，儒家社会设想的家庭对于国家的依附也并不存在持久性。

第四，儒家社会的制度悖论。钱穆先生指出，政治制度必须同时兼顾现实与理论。"政治制度是现实的，每一制度，必须针对现实，时时刻刻求其能变动适应。任何制度，断无二三十年而不变的，更无二三百年而不变的。但无论如何变，一项制度背后的本原精神所在，即此制度之用意的主要处，则仍可不变。于是每一项制度，便可循其正常轨道而发展。此即是此一项制度之自然生长。制度须不断生长，又定须在现实环境、现实要求下生长，制度绝非凭空从某一种理论而产生，而系从现实中产生者。唯此种现实中所产生之此项制度，则亦必然有其一套理论与精神。理论是此

---

① 费孝通：《乡土中国》，人民出版社2008年版，第64页。

制度之精神生命，现实是此制度之血液营养，二者缺一不可。"①

那么如何使制度同时兼顾理论与现实，则成为历代为政者的重大课题。中国传统治理中的阳儒阴法思想开始逐渐为人们所接受。对于这一儒家和法家思想的联姻，张纯、王晓波等学者解释道，在先秦，要求渐进、安定和维护旧制度的是儒家思想；而法家思想主张激进、变法和创立新的制度。所谓阳儒阴法其实包括三个层面上的含义：一是以儒家理论提出、实际上为法家的主张；二是政治上以儒家掌"教化"，以法家掌"吏治"；三是在意识形态上，倡导儒家理想，但是实践上实行法家的制度②。正是在理论、制度与意识等方面的结合，使中国治理既解决了熟人社会的制度困难，又解决了生人社会中的独裁困境。

但是，制度与思想的嫁接也有着自身的边界困境，即使不随着制度与理论的发展，儒家社会的制度设计仍然存在缺陷。我们知道，在儒家思想与法家思想中，仁政本与苛政对立，然而"西汉建立之初的确废除了一些秦朝临时性的严苛法令制度，但当时整个国家政治、经济和文化制度的根本实际仍是秦朝法家思想的继续，而且就是汉初已经废除的部分秦朝苛政，也有不少在西汉中后期被恢复使用，虽然它们仍保留有儒家仁政的名义"③。于是当严重对立的理想与制度相互融合时，政治理想与政治权术就奇怪地结合了，但是这种机会主义的结合无法形成中国科层制度的理性，也无法遏制形式主义的治理泛滥，这种嫁接的制度悖论一直到了晚清时期，终于形成了体用之争，而西方政治思想的导入也最终导入了相应的政治制度。

三、秩序背后的政治怨恨

儒家维护了中国稳定的社会体系，在中国社会温情的背后，是冷酷的

---

① 钱穆：《中国历代政治得失》（新校本），九州出版社 2012 年版，第 56 页。
② 张纯、王晓波：《韩非思想的历史研究》，中华书局 1986 年版，第 248—249 页。
③ 高华平：《王霸与法术：法家的人生智慧》，武汉出版社 1998 年版，第 247 页。

专制力量,而当这种专制为文化所论证之后,一个同质性的社会体系形成了。但是在社会的变迁过程中,阳儒阴法对于市场的打击等经济政策、独尊儒术的文化政策、坊市分离的社会政策等被逐次瓦解,社会怨恨也逐渐形成。

首先,传统社会怨恨的发生与形式。有了人类生活,就有了政治;而有了政治,就有了政治批评。以中国第一部诗歌总集《诗经》为例,其中既有歌颂天命王威,也有抒发怨恨与不满。在《雅》诗和《国风》中,与颂歌异调的,是怨刺诗,亦即前人所谓"变风"、"变雅"。《毛诗序》指出:"至于王道衰,礼义废,政教失,国异政,家殊俗,而'变风'、'变雅'作矣。"《汉书·礼乐志》也说:"周道始缺,怨刺之诗起。"这些话在一定程度上揭示了怨刺诗产生的社会背景和伦理因素,而所谓"刺过讥失,所以匡救其恶"(郑玄《诗谱序》),这些都指明了怨刺诗的主旨所在。怨刺诗主要产生于西周末年厉、幽时期及其以后,无不带有乱世的鲜明印记[①]。

值得注意的是,《诗经》的历史揭示了至少在周朝以来,中国政府对于社会怨恨的关注是积极的,甚至专门设有采诗官巡游全国采集民谣,以观风俗,察得失,他们采集的诗歌也大多是怨刺之诗。《汉书·食货志》记载:"孟春之月,群居者将散,行人振木铎,徇于路以采诗,献之太师,比其音律,以闻于天子。"除了献诗、采诗,"自王以下,各有父兄子弟,以补察其政。史为书,瞽为诗,工诵箴谏,大夫规诲,士传言,庶人谤,商旅于市,百工献艺。故《夏书》曰:'遒人以木铎徇于路,官师相规,工执艺事以谏'"。(《左传·襄公十四年》)因此,从历史上看,社会怨恨的发生本身就是正常的社会现象。

其实,并不是所有的社会怨恨都具有制度意义上的破坏作用,在西周以来的文学作品中,也不乏个人志向不得实现的愤懑。如屈原作《离骚》既有抒发君主不明之怨,也有自我修身的坚定。而其后的文学作品中,更

---

① 郭预衡主编:《中国古代文学史》(一),上海古籍出版社1998年版,第35页。

常见英雄落寞之悲凉，朝廷不遇之失落，甚至形成后来独具风格的"怨"文学。

其次，历史上的民怨堵塞与疏导。早在西周时期，邵公就对周厉王说，必须关心百姓的怨恨："厉王虐，国人谤王。邵公告曰：'民不堪命矣！'厉王怒，得卫巫，使监谤者，以告，则杀之。国人莫敢言，道路以目。王喜，告邵公曰：'吾能弭谤矣，乃不敢言。'邵公曰：'是障之也。防民之口，甚于防川。川壅而溃，伤人必多，民亦如之。是故为川者决之使导；为民者宣之使言。'"（《国语·周语上》）

无独有偶，《左传》也有关于子产不毁乡校的记载："郑人游于乡校，以论执政。然明谓子产曰：'毁乡校，何如？'子产曰：'何为？夫人朝夕退而游焉，以议执政之善否。其所善者，吾则行之。其所恶者，吾则改之。是吾师也。若之何毁之？我闻忠善以损怨，不闻作威以防怨。岂不遽止，然犹防川也，大决所犯，伤人必多，吾不克救也。不如小决使道。不如吾闻而药之也。'然明曰：'蔑也今而后知吾子之信可事也。小人实不才。若果行此，其郑国实赖之，岂唯二三臣？'"（《左传·襄公三十一年》）因此，在民怨发生之后，为政者往往积极疏导百姓的情绪，并及时调整自己的政策。中国历史上的君主能够认识到，民意不可遏制，而民怨正是政治沟通与政策改进的重要切入点。

随着国家规模的扩大，民意的整理无法大规模延续周朝的采诗官制度了，但是直到东汉乐府诗时期，还有采诗观民风的记载。《后汉书》就记载了汉光武帝时采诗的事。朝廷也用民谣对官吏的评价，来决定官员的升降。汉灵帝光和五年，灵帝下诏，让公卿用民谣反映内容的善恶来考察刺史及二千石以上的官员，察看有无危害百姓的人。[①] 这一遗风一直延续到唐朝的新乐府运动时期，以诗歌反应国家兴衰和百姓疾苦成为当时的诗歌精神之一。

第三，民怨背后的集体行动。民怨如果无法得到及时疏通，就可能形

---

① 吴德新：《乐府诗的历史》，重庆出版社2006年版，第58页。

成破坏行动；同样如果强行堵塞民意而从表面上维持了秩序，也一定导致结构性的破坏。周厉王通过严厉监控，终于使国人不敢说话，道路以目，但是，"夫民虑之于心而宣之于口，成而行之，胡可壅也？若壅其口，其与能几何？王弗听。于是国人莫敢出言，三年，乃流王于彘"。（《国语·周语上》）即使在封建社会中，周天子仍然无法忽视其国内人们的力量。在儒家思想中，即使贵为天子，也不能无视民意，为所欲为。

因此，"所有名副其实的政府都有办法能将自己的意志强加在臣民身上，而使用暴力一向是其中的一种办法。但是不同的社会发展了不同的完整的（或者片面的）暴力模式以及控制（或者不控制）暴力的模式……有组织的暴力的社会性质，犹如其他的政府职能的社会性质一样，随着它赖以发展的整个环境而改变"[1]。事实上，周人之所以能够推翻周厉王的统治，是因为周朝尚处于冷兵器时代。作为起源兵器的石兵器，是原始社会晚期和夏代军队使用的主要兵器，到商、周两代，仍然与青铜兵器混杂使用。石器时代制造的兵器虽然以石材为主要原料，但是也大量利用动物的骨、角和木、竹等作为兵器的制作材料[2]。周天子无法垄断武器，这也为周人的暴动提供了可能。

社会发展史本身就是社会怨恨的历史，无论贵族、平民，在传统社会里多以文字抒发怨恨。在农业帝国的秩序理想下，社会怨恨往往被秩序主义者视为洪水猛兽。但是，秩序是集权主义者与市场主义者的共同的理想，其差异在于形成秩序的逻辑起点不同。由于农业社会秩序边界最终为最高统治者所守卫，因此这种怨恨的背后是对统治体系的不满和个人抱负不得实现之愤懑。事实上，如果从积极的意义上看，"防民之口，甚于防川"的历史古训其目正在于民意的疏通而非堵塞。

---

[1] 〔美〕卡尔·A. 魏特夫：《东方专制主义》，徐式谷等译，中国社会科学出版社1989年版，第138—139页。

[2] 王兆春：《中国的兵器》，中国国际广播出版社2010年版，第9页。

第二节　过渡社会中的风险形成与社会不满

周以后，经过春秋战国的制度纷争，秦始皇最终统一了国家，并在全国建立严密的专制主义政权，自秦汉以来，中国专制主义制度日趋完备。但是在进入20世纪以后，社会变迁开始剧烈化，中国社会全面进入转型期，在这一时期，各种政治制度都在中国得到尝试，社会结构开始分化，社会风险也开始逐渐形成。

一、过渡社会的双重权威丧失

所谓社会转型，"从其字面意义上说，是指人类社会由一种存在类型向另一种存在类型的转变，它意味着社会系统内在结构的变迁，意味着人们的生产方式、生活方式、心理结构、价值观念等各方面全面而深刻的革命性变革"[①]。借助于科学与工业革命的成就，中国的社会形态在近30年来开始了巨大的变迁。城市化、工业化、信息化对农业帝国的社会结构形成了巨大的冲击，并呈现复杂的政治形态。

首先，法律权威与道德权威的双重丧失。"在人类历史的大部分时间里，最重要的政治制度或许就是国家。所以，难怪从古希腊的柏拉图和亚里士多德直至今日，那些关注政治秩序的哲学家都把主要精力集中于这种制度。从最基本的层面上来说，国家要求拥有通过法律的权利，而这些法律是用来限制公民自由的，并且要求公民有责任遵从这些法律。也就是说，国家不仅要求拥有凌驾于自己公民之上的权力，还要求拥有道德权威，同时要求受制于这种权威之下的人们负有遵从这种权威的道德

---

① 陈晏清：《当代中国社会转型论》，山西教育出版社1998年版，第13页。

责任。"①

工业革命与科学精神的传播颠覆了秦汉以来专制者的天然皇权与道德高地，也转移了独裁者对于政治权力和道德权力的垄断。"有这样一种社会政治哲学，它支配按照赋予个人的价值为国家权力确立限度，并强调诸如自由、公正、平等、个人权利和民主选择等价值的重要性。它就是自由主义理论。"② 从个人出发而非抽象的国家出发，更不是从神秘主义的皇权出发来论证制度的正当性。同时，由于二千多年的专制主义政治传统，中国人在细密化的政治治理方面积累了丰富的本土经验，因此在这一社会转型中，同时有社会异质因子的存在，虽然这些因子无法彻底清除双重权威在政治治理中的历史基础。

在中国的传统思想中，儒家伦理既是中国政治思想的来源，在政治科学不发达的时期，法律与道德通过伦理意义上的互相论证而获得合法性；但是在科学主义的思想深入人心时，就一定会切断这种伦理意义上的合法性。而一旦这种合法性输送管道被切断，也就同时割裂了几千年专制主义的合法性传统，中国的法律和道德权威的双重丧失的步伐也必然加快。

其次，专制社会的经济结构瓦解。王亚南先生深刻地指出："中国社会其所以长期停滞在地主经济的封建阶段，就因为在这种经济形态本身，已经存在着一些使它不易在胎内好好孕育出新生产方式的限制，而以这种经济形态为基础的官僚政治组织和儒家学说，更从中作了许多缓和矛盾对立的措施。然而，我们在讨论中国社会停滞问题的时候，绝不应把这个问题绝对话；讲中国社会停滞，那是就它没有很快地改换一个新生产方式的相对的说法，并不能认为我们到了清代，还是维持着秦汉之世的生产技术和文化水平。实则在这一段长时期内，我们在农耕技术方面，在工商业组织规模及经营方面，在文化交通社会生活各方面，都有不少的进步，只是

---

① 〔美〕罗伯特·L. 西蒙主编：《社会政治哲学》，陈喜贵译，中国人民大学出版社 2009 年版，第 2 页。

② 同上，第 3 页。

由于前述种种条件的限制，使其在进步方面的量的累积，不够引出质的大变革罢了。"①

应该指出的是，唐宋以后，中国市场经济的发展进入了一个新的阶段。即使是家国同构的农业帝国政治体系，也无法遏制城市与社会生长的力量。在宋代以前，城市作为决策和行政中心，它们的政治意义远远超过商业意义。汉唐两代像长安和洛阳这样的首都级大城市，其商业活动也只能局限在"市"这个特定区域中进行。各地州县城镇是专制国家的政治经济堡垒，城内作为居民住宅区的"坊"和商业交易区的"市"在空间上通过围墙加以分离。但是中唐以后，城市商业日趋繁盛，城市面貌随之改观。宋代商人只要纳税便可在城中任择地点开设店铺，从而结束了坊市分离的局面②。城市的发展为市民社会的崛起增加了可能，一些商会的雏形也在宋朝开始陆续出现。而这些力量，已经超出儒家社会的经济秩序设计。近30年来，尤其是1992年社会主义市场经济体制启动之后，中国的经济体系全面接轨世界经济体系，坊市隔绝的制度基础已经难以复活。同时，近30年的中国，启动了和平时期最大规模的人口流动。尤其是1984年，国务院下文允许农民自理口粮进入城镇务工经商，在此后，地方政府纷纷出台政策以放松户籍管理制度，所有这些为大规模流动人口的出现提供了可能性。国家卫生和人口计划生育委员会《中国流动人口发展报告2012》指出："2011年，有关中国流动人口的两个数据引起社会高度关注，一个是51.27%，另一个是2.3亿。51.27%是中国城镇人口比重超过一半，城乡人口分布格局发生了历史性的变化；2.3亿是全国流动人口的数量，比2010年增加900万，达到历史新高，流动人口占全国总人口的17%，相当于每6个中国人就有一个在流动。"③大规模的人口流动瓦解了试图限制市场要素自由流动的经济结构，也颠覆了传统治理模式背后的双

---

① 《王亚南文集》第4卷，福建教育出版社1988年版，第94页。
② 葛金芳：《宋辽夏金经济研究》，武汉出版社1991年版，第272—273页。
③ 中华人民共和国国家卫生和人口计划生育委员会：http://www.chinapop.gov.cn/zxfw/zhbmfw/wsrkxx/rkdbml/201207/t20120730_392223.html，（访问时间：2013年5月30日）。

重权威。

第三，权威丧失后的社会怨恨。失去双重权威之后的社会秩序又如何重建呢？"权力要想成为权威——要使自己合法化、合理化，主要看它对所辖集团的福利所作出的贡献。"①那么在皇权失去神秘色彩之后，在传统权威丧失以后，社会怨恨也失去传统的发泄对象。同样新生的政治体浮现之后，也面临着是否能够满足成员对于福利的要求的现实压力，如果不能，那么新的怨恨也会随之而来。

但是与集权统治下的传统社会的不满不同，人们的社会不满不再像《离骚》时期有个集中发泄的对象。在治理主体分散的情况下，人们的社会怨恨对象开始分散，失业工人怨恨企业，失地农民怨恨村长，感觉司法不公者怨恨法院……但是由于中国仍然长期是一个政府主导型的社会，人们弥散的社会怨恨仍然将通过一些机制转换最终聚焦到政府，当政府能够赋予特定的行政机关如信访机关以足够的接待与处理权力时，那些分散的社会怨恨往往直接寻求政府帮助，直至政府无力解决为止。

在社会不能自治的情况下，基于信赖保护的原则，政府承担了大量的社会怨恨有着自身的合理性；但是这种怨恨的过度承担也无助于社会的独立及社会个体的公民意识的生长。事实上政府吸纳了过度的社会怨恨一定会转移政府的治理聚焦，使政府无力从事应有的公共服务。而社会怨恨的一元化解机制使社会个体出现了心理变化，如果他们相信政府解决问题的能力，那么就无助于政府以外社会怨恨化解力量的生长；而他们一旦无法相信政府相应的解决能力，那么就会最终强化其对于政府的怨恨，从而不利于政府职能的转型。而一旦这种政府和社会以外的社会怨恨无法化解，那么社会风险就会深化。

二、现代社会分化中的风险形成

如果说唐宋时期的市场初步发育终结了市坊分离的制度，那么上个世

---

① 〔美〕詹姆斯·C.斯科特：《农民的道义经济学：东南亚的反叛与生存》，程立显、刘建等译，译林出版社2001年版，第232页。

纪 90 年代以来的市场经济体制则启动了社会的分化。在市场要素的催生下，流动的社会个体开始逐步瓦解传统的治理体系，并形成了显在或潜在的社会风险。具体而言，中国社会分化首先表现在权力的分化、社会结构的分化与治理体系的分化。

首先，权力松动中的社会分化。"在儒学社会中，'天地'、'君'、'臣'、'亲'、'师'分别是一个地位、一个身份、一个标志，因此也分别是一个分层，它们共同构成儒学社会中比较稳固的、持久的社会分层体系。从社会分层的角度来看，儒学社会之所以具有超稳定性，乃是儒学社会中的生产力水平不能最终突破其社会分层的体系。"[1] 经济因素影响着特定的社会权力结构，在儒学社会里，神秘主义论证了从天到人，从君主到臣子，从皇权到族权的合法性，从此建立了严密的政治权力结构，任何个体都无法游离这个权力结构之外。但是上个世纪 80 年代以来，伴随着公共领域与私人领域的分离，中国的社会分化日益加深。在传统中国家国同构的体系之中，市场经济的崛起催生了国家与社会的分离，传统国家对社会控制手段的消退使社会自我生长得到一定的缓冲地带，而国家的权力也难以再如同农业社会时期一样编织社会体系。

马克斯·韦伯认为，追求权力就是追求一种荣誉，社会制度就是一种共同体内的参加者的群体之间如何分配社会"荣誉"的方式，于是共同体内部权力分配导致了三种概念的产生：阶级、等级和政党。[2] 在一些经济发达地区，商人从政、宗教信徒的增加都从一定程度上说明，社会阶层路线正在沿着产业结构、职业分类、性别、宗教等加以分化。从一般意义上说，这一分化也不可避免地对单一的国家权力体系形成冲击，有可能形成分散性的权力结构。"只要社会处于发展之中，就始终存在着社会分化的可能，但突发式的分化往往是在经济长期发展的基础上，由一定的社会政

---

[1] 陈劲松：《儒学社会通论》，中国人民大学出版社 2007 年版，第 305 页。
[2] 〔德〕马克斯·韦伯：《经济与社会》（下），林荣远译，商务印书馆 1997 年版，第 246 页。

治因素引起的。"① 国家权力结构的松动反过来又成为社会分化的催生要素,阶级的分离如果暗合了国家分权的基本逻辑,那么社会的分化将反过来催生分散性的治理;否则国家与社会的张力将日益严重,并最终形成社会结构性断裂。

其次,权力重构中的阶层固化。在自由主义者看来,市场经济对于人的自由流动一定能够产生积极的影响,在"自由秩序"中,人们可以通过公平竞争获得社会上升通道,并实现自身的个体价值,这一通道其实就是建立哈耶克所谓社会自发自生的秩序。但是由于资本权力对于政治权力的浸润,一些个体从出生之后起由于失去了资本的支持,而可能失去社会阶层自由流动的动力,从而形成了阶层的固化。

为了解当前中国社会阶层流动现状,《瞭望》新闻周刊联合国内专业调查研究机构——新生代市场监测机构,于2013年2月13日至2月18日,在北京、上海、广州、杭州、成都5个大中城市进行了民意调查。本次调查数据显示,从整体来看,58.8%的被访者认为社会底层群体向上流动的机会不多,仅7.5%的被访者认为机会很多。仅有38.8%的被访者相信通过"自身努力"可改变命运,50%的农村户籍被访者相信该观点,比例远远高于城镇户籍被访者②。

"有人论证说,那些刚具有行为能力的年轻人,因他们已同意他们出生于其间的社会秩序,所以是自由的;然而此一说法亦属荒谬,因为这些年轻人很可能不知道可供替代此一社会秩序的选择,或者他们对于此一社会秩序很可能毫无选择可言,甚至与其父母思维方式的不同的整个一代人,亦只能在进入成年后方能变更此一社会秩序。"③ 当代中国的权力结构正在重组之中,不同阶层能否在基于市场体制中的社会权力结构中有自己

---

① 朱光磊:《当代中国社会阶层的分化与重组研究》,载《教学与研究》,1998年第5期。
② 李松:《重构社会阶层公正流动》,瞭望观察:http://www.lwgcw.com/NewsShow.aspx?newsId=19173,(访问时间:2013年6月1日)。
③ 〔英〕弗里德里希·冯·哈耶克:《自由秩序原理》,邓正来译,生活·读书·新知三联书店1997年版,第7页。

一席之地，既关系到个人的前途，也关系到特定阶层的前途，更关系到新型权力结构的合法性与有效性。

第三，社会断裂中的敌意与冲突。与中国的社会分化不同，中国国家与社会的整体性特征正在遭受着更大的结构性危机。在孙立平教授看来，断裂的社会主要体现为三个方面：(1) 在社会等级与分层结构上是指一部分人被甩到社会结构之外，而且在不同的阶层和群体之间缺乏有效的整合机制；(2) 在地区之间，断裂社会表现为城乡之间的断裂。城乡之间的断裂既有社会结构的含义，也有区域之间的含义；(3) 社会的断裂会表现在文化以及社会生活的许多层面。但是，在更可以直接把握的意义上，可以将断裂社会看做是一种存在着主要断裂带的社会①。

在中国的社会断裂中，社会体系被拉长了，在孙立平看来，断裂社会在现实意义上首先指明显的两极分化——富裕与贫穷、城市与乡村、上层与下层，社会沿着这条主要断裂带展开，几乎分裂为两个不同的世界。这种断裂的含义既是空间的，也是时间的，既是经济层面的，更是社会结构层面的。可以说，断裂社会的实质，是几个时代的成分并存，而互相之间缺少有机的联系与整合机制。② 而这种联系的缺乏埋藏了社会的高度敌意，社会本身既不再是国家一体化政治体系之一种，其本身也处于高度碎片化而不能自拔。

社会敌意的发生成为社会结构性冲突的外在表现形式。而社会冲突则需要相应的社会整合。在家国同构的体系下，国家承担着社会重新整合的责任。而在权力分立的体制下，社会拥有自我修复的能力。当代中国社会性冲突往往首先表现为社会阶层的互不信任，"仇富"与"仇官"现象并不仅仅象征了底层社会的阶级反抗，也显示了我国双重转型中社会资本的丧失。这种资本的丧失将加大社会治理的成本，加大社会重新整合难度。

---

① 孙立平：《中国社会结构的变迁及其分析模式的转换》，载《南京社会科学》，2009 年第 5 期。

② 郭于华：《转型社会学的新议程——孙立平"社会断裂三部曲"的社会学述评》，载《社会学研究》，2006 年第 6 期。

三、社会整合中的风险恶化

社会风险的化解是中国政府体系在政治发展中面临的重要命题。在现有的风险管理中,应急管理、突发事件、公共危机等概念往往并不加以区别,这种互相混淆的概念背后,其实是我们对于社会风险认识的错位。

首先,社会风险的酝酿。社会阶层的固化、社会敌意的酝酿和社会冲突的零星爆发,既说明了社会结构中的僵化,也说明了社会结构的脆弱。在社会转型时期,人口的流动,公共服务的差异性攻击以及区域经济社会差距的加大都可能使特定地区、特定城市、特定社会阶层甚至特定地方政府承担着风险爆发的首要压力。

风险社会的理论在于,在社会转型时期,任何人都共同承担着社会风险。在中国,社会风险往往同时体现为政治风险、经济风险和文化风险。从表现形式上看,我国近年来的社会风险往往以群体性事件的形式表现出来,并呈现四个方面的特点:(1)重大群体性事件接连发生,涉及面越来越广;(2)经济问题政治化;(3)暴力对抗程度明显增强;(4)境外政治力量涉足中国国内群体性事件[1]。因此不同的社会事件互相交织,从而使社会风险更加具有不可知性。各种社会力量、政治力量的消长在深刻改变原有的社会形态,也酝酿着不断升级的社会风险。

其次,风险形成中的激发因素。社会风险的酝酿不一定必然导致社会危机的爆发,但是在风险管理中,存在着社会风险"突变"的可能。突变理论告诉我们:"对于控制变量的一定选择,突变理论告诉我们存在着多少个稳定的平衡位置,但是它并未告诉我们系统处在其中的哪一个。对于突变机构或弯曲的梁,这是由我们可以称之为历史的基础决定的;系统留在随便哪个它碰巧所处的平衡位置上,直到这个平衡位置消失为止。"[2] 借

---

[1] 郑永年:《保卫社会》,浙江人民出版社2011年版,第137页。
[2] 〔英〕桑博德:《突变理论入门》,凌复华译,上海科学技术文献出版社1983年版,第94页。

助这样的理论，我们可以把社会系统的各个平衡点视为社会风险的激发因素，当然，每个平衡点的功效可能是不同的，当一个平衡点消失时，可能系统不会发生扭转，但是当一个点正好处于系统平衡的关键位置时，这个点就将直接影响到系统的继续稳定。但是我们重点关注的这个平衡点也许不是最重要的支点，系统有着一个总体平衡的过程，当第一个平衡点消失的时候，就应当引起系统的关注。

与西方的社会运动历史性演变不同，"在中国，传统和后现代两种社会运动同时存在。社会运动往往是复合型的。工业化和城市化快速改变着人们的生存状态，为各种传统社会运动提供了很多机会，在这个层面，社会运动的参与者的主要目标是物质利益、'温饱'和基本生存环境。同时，中国也存在着后工业化社会的运动，参与者的主要目标是各种各样的政治社会权益和更好的生活品质"[1]。在这种双重的社会运动中，社会风险可能在多个点上触发，或者是民生问题，或者是环境问题，都可能形成社会运动的蔓延。因此控制风险其实首先是控制社会风险的发生点和爆破点，但是对于庞大的社会运动来说，社会风险隐藏在社会变迁之中，发生点与爆破点只是社会风险的一个激发装置而已，而难以解决社会的结构性问题。

第三，社会风险化解中的应急思维。清华大学社会发展研究课题组2010年研究报告称，中国的维稳费用已经逼近国防预算。这样的报告给我国的社会整合机制带来很多思考。有官员解释了我国维稳经费增加的原因："首先，维稳任务越来越重。由于我国正处在转型时期，社会矛盾越来越多而且复杂多样，违法犯罪率居高不下，社会治安压力很大，为了维护社会治安而投入的成本随之不断增大……此外，随着国际关系的深刻变化，我国面临的新的外部挑战和威胁增多，承担的国际责任越来越大，需要我国参与解决的国际事务越来越多，各种大型国际活动需要我国举办，各种安保任务纷至沓来，从而加重了安保开支。"[2]

---

[1] 郑永年：《保卫社会》，浙江人民出版社2011年版，第138页。
[2] 赵永琛：《维稳的成本和收益》，载《红旗文稿》，2010年第21期。

社会风险首先来自社会，因此社会风险的化解机制也应该首先在社会之中寻求答案。但是在全能主义政府思维之下，在化解社会风险中，国家仍然承担着主要的功能，这种国家功能的全面行使消弭了社会自我生长和自我修复的可能性。国家以全面渗透的形态延伸到社会各单元之中，以无限扩张的权力捆绑社会自主性，从而也承担无限的整合成本，"用人民币解决人民问题"就是其中的一个极致。可以看到的是，在社会风险处理中，政府无所不在，但是社会主体自身的缺位对于风险化解的必要性往往得不到充分的重视。

自由主义者也承认，只有国家才拥有强制的权力，但是"应减至最小限度，而且应通过众所周知的一般性规则对其加以限制的方法而尽可能地减少这种强制的危害，以至于在大多数情势中，个人永不致遭受强制，除非他已然将自己置于他知道会被强制的境况之中"。[①] 但是从政府管理的层面，社会风险的化解机制往往体现为应急管理；社会本身不再能够成为自我管理的主体，而是政府管理的无限扩张的对象。于是政府随着社会的触角在延伸，政府体系以社会应急管理的名义继续扩张，并有可能使政府体系无比膨胀。政府应急管理的基本逻辑是，社会风险是偶然发生的，政府只要提供必要的政策救济，就可以遏制甚至清除社会风险；同时社会风险的化解促进政府职能的扩张，从而使政府增加新的职能。

因此，社会风险蕴藏在社会运动之中，中国快速工业化与城市化的进程使这种社会运动更加复杂。动态平衡的社会需要各种权力的再平衡。总体上，中国的社会变迁还将持续，快速变化的社会结构仍然可能使一些个体被抛出社会体系之外，并直接拷问政府的公共服务的公平与正义。而政治学从集体主义向个人主义的转向也将让我们日益认识到社会个体的不满，因为正是这种不满挑战着我们的治理体系。

---

① 〔英〕弗里德里希·冯·哈耶克：《自由秩序原理》，邓正来译，生活·读书·新知三联书店1997年版，第17页。

第三节 社会转型中的怨恨蔓延

"20世纪80年代以来,中国的社会变迁可以归结为两个基本过程,即现代化过程和体制改革过程,或现代化的变迁与体制的转型。"① 伴随这两个过程的推进,我国的社会逐步进入了高风险时期。而现代化过程中的中国体现了政治和社会的双重转型,当传统的社会结构被政治发展撕裂时,风险往往同时出现在政治与社会之中。而从社会发展的视角,当社会风险只能依靠政治手段方能化解时,社会风险又往往可能与政治风险联系起来,甚至形成一定程度上的社会政治双重危机。

一、价值差异导致的认识差异

个体总是生活在社会之中,怨恨作为情感的宣泄首先体现在个体的情绪变化中,并逐步成为一种社会乃至政治行为。但是从个体情绪到社会行为演变的内在逻辑上看,从个体到社会的危机感强化催生了个体情绪到社会行为的转变。"人的任何行动都是在某种价值观支配下发生的,并受到道德和正当性框架限定;当某种社会行为缺乏限制动力或不存在道德上终极的正当性时,其充分展开是不可能的。"② 社会毕竟是由众多个体组成,在社会认知的形成中,个体的认识差异有可能导致社会心理的变化。改革开放促进中国的经济发展,也分化了同质性的社会结构,从而为社会认知的变化提供了基础。

首先,社会形态的异质性。里格斯的行政生态学认为,转型社会具有异质性的特点。在这一时期,由于农业社会向工业社会的过渡,社会结构、治理方式、公众态度都会发生相应的变化。其实行政生态学的价值在

---

① 李路路:《社会变迁:风险与社会控制》,载《中国人民大学学报》,2004年第2期。
② 金观涛:《探索现代社会的起源》,社会科学文献出版社2010年版,第5页。

于，在一个平面的社会中，历史上的政治制度、生产方式、社会心理都会在这一时期得到不同的投射；同时，由于社会的开放性，世界各国的政治制度、生产方式、社会心理也会同时出现在特定的中国社会中，从而形成多质的社会形态。

我们同意这样的概念："社会形态就是处于一定历史发展阶段的社会或一定类型的社会。"① 这一概念横切了社会结构，以相对静止的视角观察特定社会发展阶段的国家、社会与公民的关系，也展现了特定社会阶段的中国社会的复杂性与易变性。更为不同的是，如今的社会形态同时经受网络技术工具的影响，社会信息流的传递日益便捷，而对于社会形态的分析日益困难。因此，历史与比较的角度解释了我国复杂的社会形态形成的必然性，也构成公共生活的基本环境。在这种复杂的社会变迁中，诸多的政治和社会力量在彼此消长、彼此分化；在这一过程中，社会的不稳定性将成为常态，并深刻影响着社会心理的变迁。

其次，个体认知的特殊性。认知理论（cognitive theory）是社会心理学中最重要的理论之一。该理论认为，人对环境的知觉、组织以及解释，会影响其对社会情境的反应，这个解释社会事物的进程即社会认知（social cognition）。社会认知理论对社会认知现象的解释，一般遵循两个基本原则：（1）分类，即知觉事物的时候，往往先根据一些简单的原则将事物分类；（2）聚焦，即将注意力集中到主题之上，忽略背景的影响。②

在社会环境高度变化的过程中，个人对于社会的认知有一个简单到复杂的过程，并在此基础上归纳个人对于社会的判断。每个人由于其所处环境的不同，必然形成对于社会现象的不同的认识，这种认识也必然内化为个人的价值判断，并对个体的社会行动产生影响。而"个人角色发展到另一个极端就是社会角色。后者是用于一个群体所有成员的类。在现代民族

---

① 贾高建：《当代社会形态问题导论》，中共中央党校出版社 1994 年版，第 13 页。
② 乐国安主编：《社会心理学理论新编》，天津人民出版社 2009 年版，第 65 页。

国家中，它等价于公民角色"。① 因此，个体角色、社会角色、公民角色的过渡并不困难。

同样，个体的认知仍然极其重要，因为政治共同体由个人组成，这也是上个世纪中叶以来西方行为主义政治学崛起的主要理论前提，因为"整个的人——虽然不是由于他整个的自我以及他全部的存在和他所有的一切——是政治社会的组成部分；因而他的全部共同活动以及他的个人活动对政治整体都是重要的。"② 没有个体能够独立于社会共同体之外，个体的认知活动同样属于集体认知的一部分，并为集体认知的共同价值形成提供基础。

第三，认识差异及其交织。不同的社会个体或群体对于自身目标、道路的认识存在差异，但是由于人类的聚居性特征，认识差异将在群体生活中得到信息交换，一些个体的价值标准将会上升为群体标准，一些人的个体认知将无法得到群体支持，但是从更为广阔的视野来看，过渡时期的社会将同时遍布互相交织的社会认知与行为法则。

对于拥有着数千年专制主义传统和启动市场经济仅仅30年的国家来说，秩序与自由、技术与价值的理论争鸣并不仅仅停留在我国的学术层面，也同样内化在社会个体的行为选择之中，在秩序优先的制度设计下，公民的自由选择往往并不得到充分尊重，社会必须在单一的价值下前行，从而导致持非主流价值者的不满，社会按照价值观的差异出现分化。

二、社会怨恨的形成

"怨恨是一种有明确的前因后果的心灵自我毒害。这种自我毒害有一种持久的心态，它是因强抑某种情感波动和情绪激动，使其不得发泄而产

---

① 〔美〕P. K. 博克：《多元文化与社会进步》，余兴安等译，辽宁人民出版社1988年版，第104页。
② 〔法〕马里旦：《人和国家》，霍宗彦译，商务印书馆1964年版，第13页。

生的情态。"① 在舍勒看来，怨恨来自于报复的冲动；而在齐美尔的玫瑰假设里，社会的怨恨来源于嫉妒和憎恨，这种嫉妒甚至在后来推动了社会革命的爆发。齐美尔叹道："这正是世界历史的谬误，即人们把快乐或苦难的原因放在对东西的拥有或不拥有上。不，并非我是否拥有它决定着我的感觉，而是别人是否不拥有它，还是拥有它，决定着我的感觉。"② 在中国的社会转型期，个体利益的丧失、个体价值的迷失和个体身份混乱都在一定程度上催生了个体的社会怨恨。

首先，个体利益丧失的社会怨恨。"人们奋斗所争取的一切，都同他们的利益有关。"③ 在我国传统的社会结构中，国家与社会高度融合无法析出个体利益。但是社会转型往往涉及个体利益的调整，社会弱势群体往往在利益损害中无法得到及时的补偿而产生个体性不满。

自上个世纪70年代后期以来，社会的急剧变化、经济结构的快速转型给诸多社会个体带来不确定性，诸如上个世纪后期的我国产业结构调整形成老工业基地大量工人的失业、城市化进程中的农民失地、城市重建中的居民遭遇强制性拆迁，都暴露了个体利益丧失和不确定性的强化，一些社会个体失落感加深，并为个体性怨恨的形成提供了经济基础。在建国以来的较长时间内，人们在相对稳定的社会体系中工作生活，社会环境相对稳定，人们在自己的相对可控的组织中确定自我实现的人生目标，并以自身的发展目标与组织的目标相吻合度来衡量自身价值实现的基本路径。但是从传统到现代的转变意味着"价值的颠覆"，建立在传统社会中的社会单位瓦解了，个体的自我实现的路径开始变得无法确定。

其次，社会空间压缩的生存焦虑。改革开放以来的经济体制使依托权力和声望而进行的社会分层结构有了改变，权力分配在更大的社会范围内

---

① 〔德〕马克斯·舍勒：《价值的颠覆》，罗悌伦等译，生活·读书·新知三联书店1997年版，第7页。
② 〔德〕齐美尔：《社会是如何可能的：齐美尔社会学文选》，林容远译，广西师范大学出版社2002年版，第186页。
③ 《马克思恩格斯全集》第1卷，人民出版社1956年版，第82页。

得到实现。收入和声望的获得更多地依赖于职业能力,教育资源越来越成为自身地位实现的必备条件,形成了一种依照权力、收入、声望和教育等分维度划分的多元分层结构①。但是在启动市场经济体制的同时,中国的社会结构逐步出现了固化的趋势。由于制度的不完善,一些公共物品被错误地市场化了,尤其对于生活在底层社会的人们来说,代际继承的可能性加大,其后代通过自身努力获得权力、收入、声望和教育以改变自身命运的难度增加。

社会分层的固化使社会阶层间自由流动的成本加大,社会个体的生存空间被压制了;如果这些制度供给不能得到改善,那么横亘于中国社会阶层之间的经济、政治、文化鸿沟便难以消除,并有可能形成中国社会阶层的等级化现象,并继续加深底层社会的集体焦虑。

第三,公共契约丧失的政治疏离。在社会契约论看来,公共性构成了社会契约的前提,社会契约形成了现代社会乃至国家的结构性基础。在组织良好的国家与社会之中,这种契约也通过公共签约的形式确定了公民个人的主体资格。"国家的体制愈良好,则在公民的精神里,公共的事情也就愈重于私人的事情。"② 公民由于关注公共事务而形成了共同体,因为在这样的共同体中,公共利益与自身利益形成了一致。当自身利益无法实现这种一致性时,共同体的瓦解就成为一种趋势,正如卢梭所指出的那样:"以制定法律的人来执行法律,并不是好事;而人民共同体把自己的注意力从普遍的观点转移到个别的对象上来,也不是好事。没有什么事实比私人利益对公共事物的影响更加危险的了。"③

私人利益的凸显是市场经济启动后的必然趋势。当人们过度关注私人利益之后,基于公共利益的政治契约就会瓦解,而以共同体的名义作出的为维护公共利益而进行的公共治理也会随之碎片化。代议制危机的出现暴

---

① 张京祥:《体制转型与中国城市空间重构》,东南大学出版社2007年版,第8页。
② 〔法〕卢梭:《社会契约论》,何兆武译,商务印书馆1980年版,第120页。
③ 同上,第84页。

露了社会契约在制度上的不足,更催生了公众脱离政治的进程。而当公民疏离政治之后,政治治理就不再成为公民自觉参与的主体行动,而公民也可能由于成为政治治理的对象形成对政治的不满,正如舍勒提出的怨恨的社会学定律:"一个群体的与宪政或'习俗'相应的法律地位及其公共效力同群体的实际权力关系之间的差异越大,怨恨的心理动力就会越聚越多。"①

三、社会怨恨的结构:差异比较、隐忍和单项作用

从表面上看,社会怨恨是一种物质不足的精神失落,但是从社会结构上看,社会怨恨的形成往往来自正义供给的不足。这种不足催生了弥漫性的政治不信任,也在资源有限的情况下催生了社会个体间的疏离感,并对社会共同体的融合起到撕裂性作用。有学者把舍勒的社会怨恨总结为差异比较、隐忍和单项作用等三个特征②,从而为本书的研究提供了切入点。

首先,社会怨恨蔓延的起点:比较带来的情绪落差。事实上,齐美尔的判断并不完全正确,玫瑰本身如果仅仅是一种自在行为,社会革命也许无法体现齐美尔的假设;而当这种玫瑰集中体现为社会转型中的不公时,玫瑰作为革命的对象则有可能。

"愤恨的产生有两个条件:一是道德性条件,即侵害行为违背了公认的道德规范,而且侵害人和受害人都是认同这种规范的。二是相互性条件,即侵害人所伤害的人长期以来并没有伤害到侵害人。当我们承诺遵守正义规范时,我们实际上在承诺保证不伤害他人的合理合法利益,而他人也同样向我们作出承诺。倘若他人违背了承诺而我们兑现了承诺,我们就会产生愤恨感。"③ 有研究表明,在20世纪70年代的法国,世界经济的重组使一些人生活失去保障,甚至被排除在福利安全网之外,因此在整个20

---

① 〔德〕马克斯·舍勒:《价值的颠覆》,罗悌伦等译,生活·读书·新知三联书店1997年版,第24页。
② 张凤阳等:《政治哲学关键词》,江苏人民出版社2006年版,第284页。
③ 王立峰:《惩罚的哲理》,清华大学出版社2006年版,第166页。

世纪70年代，被排斥者（the excluded）一词被法国人越来越多地提及。①被排斥者的无辜在于，社会对于他们个体的压迫并不是建立在道德或者正义的基础之上，只是因为社会变化中的强者规则使他们失去了社会生存乃至发展的空间。

今天的中国同样处于重要的国家与社会的双重转型时期。在这一阶段，传统的生产性分配所追求的一致性原则被打破了，而福利性分配的原则尚未建立起来，在不同区域、不同阶层、不同职业，中国的贫穷和富裕呈现深刻的社会断裂带；在社会发展的特定阶段，社会阶级分化严重，不同的社会个体在同一社会体系内生活，而一些个体被排斥在社会之外，形成了一定程度上的社会排斥现象的存在。

其次，社会怨恨的酝酿：情绪隐忍中的社会不安。社会排斥首先出现在经济领域，而不完善的制度设计把基于经济落差造成的社会不平等放大到公共教育、公共卫生、公共住房乃至公共生活之中，社会群体内部形成了对立甚至愤恨，"愤恨的存在说明，人承受着来自于良心或社会规范的压力。在此意义上，愤恨是道德化了的愤怒。如果我在相互关系中蒙受伤害，社会又不允许我进行报复，那么愤恨就成了我唯一的'宣泄方式'"②。

现代化进程是社会秩序重建的过程，伴随着特定的公共政策，社会往往在发展的黄金阶段扩大了分化，社会个体存在其中，并在无力改变自身境遇时产生了强烈的失望感。正如派伊所强调的："新国家中的民主实践是经常受到一种失望情绪威胁的。在理想与现实之间的差距过大时，这种情绪的产生是很自然的。导致这种紧张局势产生的动力因素一般是，由扩大城市化这一社会变迁过程的不均衡和不连贯而致。"③

无法报复的社会怨恨于是积压下来，对立在特定的人群中间发酵，仇富、仇官就是一种社会怨恨的典型酝酿。富人、官员成为社会一些群体的

---

① 丁开杰：《"社会排斥"概念：语义考察和话语转换》，载《晋阳学刊》，2009年第1期。
② 王立峰：《惩罚的哲理》，清华大学出版社2006年版，第165页。
③ 〔美〕鲁恂·W. 派伊：《政治发展面面观》，任晓、王元译，天津人民出版社2009年版，第93页。

怨恨对象，这种怨恨具有一定的蔓延性，那些沉默的大多数也往往席卷其中，从而形成明确导向性的情绪指向。"个体容易感受社会大众的影响而放弃己见的随和性格的特征，称之为社会从众性……从群体特性的面向来看，当群体间互动有高度依赖从属性时，则从众行为的倾向也越明显。"[①] 从众心理强化了社会怨恨，也加深了社会对立；作为这种怨恨的派生物，社会开始出现骚动不安。

第三，社会冲突：对象泛化的单项行动。韦伯探讨了社会变迁中的三种情况：(1) 权力、财富与声望三者是高度相关的，也就是说，当经济精英同时也是社会和政治精英，或反过来也同样如此的情况下，那些被排除于权力、财富与声望之外的人便会愤愤不平从而铤而走险，采取对抗的姿态。(2) 在可欲资源分配方面存在着明显的特权与不平等时，必然会加剧不同等级之间的紧张和仇恨。这种仇恨进一步触发那些没有权力、声望与财富的人对占有这些资源的人进行对抗。(3) 低水平的社会流动也在加剧冲突。当那些处于低等级的人很少有机会进入社会上层或进入新的阶级、政党或身份群体时，必然使仇恨积累。从而触发下层不满上层的冲突[②]。

社会怨恨为社会冲突提供了心理支持，在无法组织的社会中，社会冲突首先是零碎的、无目标的社会对立性事件，这些事件多发生在对立的社会阶层之间，如针对富人的财产破坏行为，针对官员的人身攻击行为，针对明星的舆论围观行为，这些行为的出发点来自自认为弱者的一方，把积累的怨恨对其假想敌的单向发泄，正如尼采所说："向外界而不是向自身方向寻求价值——这就是一种怨恨。"[③] 韦伯的理论提供了对立阶级的结构性张力，也为单向行为的实施提供了目标。

单向行为的发生不仅仅体现在个体的单向行为上，在区域发展不平衡的时期，还形成了严重的地域歧视与对立，经济发展的严重落差导致了人

[①] 陈东阳：《组织病态与危机处理》，台北：秀威资讯科技股份有限公司2006年版，第131—132页。

[②] 于海：《西方社会思想史》，复旦大学出版社2010年版，第293—294页。

[③] 〔德〕尼采：《道德的谱系》，周红译，生活·读书·新知三联书店1992年版，第21页。

们心理变化，人口大省、经济大市往往首先成为人们进行单向行为的对象，而被单向行为攻击的地区与个体，往往承担了社会发展不平衡的外部性，从而形成了不同区域人们之间新的社会怨恨。

本章小结

从国家与社会关系来看，无论农业社会、工业社会还是过渡社会，社会怨恨的形成并不是偶然的事件；在今天的中国，国家治理转型的过程同样需要成熟的社会，这样才能为现代国家建设提供功能转换的平台。斯密认为，事实上天性赋予了我们比惩罚更直接的一些东西，比如我们自身的自我批评——因为我们不仅是他人行为的公正旁观者，也是我们自身行为的公正旁观者，并让我们自己同时担任着行为者和评判者双重角色[①]。这样的判断既适用于政府的自我建设，也同样适用于社会组织的自我完善。

斯梅尔塞（Smelser）认为，集体行为、社会运动和革命的产生，由以下六个因素共同决定：结构性诱因（structural conduciveness）、结构性怨恨、一般化信念、触发性事件、有效的动员、社会控制能力的下降。一旦六个因素全部具备，集体行为就必然发生。[②]

因此，社会怨恨的化解也是一个长期的治理过程，这种公共价值的建设与怨恨的化解将涉及政府与公民的关系重建。事实上，社会怨恨既催生了市民社会的发展，也规范了政府发展的理性；但是从社会契约的视角，这种关系重建最终必须建立在明确的法律之上，正如卢梭强调："人的自由和正义归功于法律。正是这种健全的意志机构使人们之间的自然平等成为强制性的"[③]。社会怨恨将最终消失在国家与社会的政治平等

---

① 〔英〕埃蒙·巴特勒：《解读亚当·斯密》，王巧玲、陈叶盛译，陕西人民出版社2009年版，第56页。
② Neil J. Smelser, *Theory of Collective Behavior*, N.Y.：Free Press, 1962.
③ 于海：《西方社会思想史》，复旦大学出版社2010年版，第110页。

之上，消失在公民个体间的权利平等之上，消失在政治治理与社会表达的畅通的管道之上。同时，价值层面的理想分析无法解决具体治理中的困境。中国长期以来的治理结构与现代社会成长的力量宣泄注定将在特定的条件下爆发，在政府管制不能松绑的情况下，社会可能以非制度化的形式突破现有的治理结构。

第二章　过密治理中的社会突围

"过密化"亦称"内卷化"(involution),黄宗智先生用这样的概念来说明在劳动生产率下降情况下的经济增长。吉尔茨(Clifford Geertz)在其著作《农业过密化:印度尼西亚的生态变化过程》首先使用了"过密化"概念①,在他的观察中,印尼的农民不断增加对水稻种植的劳动投入,但是劳动的超密集投入并不能带来产出的相应增长,从而出现单位劳动边际报酬的递减,即过密化现象。从政治学的视角,我们认为这样的概念同样能够有效地分析当代中国治理的制度结构和社会不满之间的巨大张力。

第一节　国家控制与过密治理的制度基础

在中国,建立在伦理之上的家国同构体制混淆了阶级差异,也模糊了国家与社会的区别。在政治传统的形成中,宗法族制与封建国家政治互为表里,内有治家之功,外收治国之效②,也正是宗法制度与专制体系为国家对社会的钳制提供了制度性基础。

---

① Clifford Geertz, *Agricultural Involution: The Process of Ecological Change in Indonesia*, Berkeley and Los Angeles: University of California Press, 1963.

② 林修果:《宗法秩序变迁与行政现代化:以农村城镇化为分析视角》,吉林人民出版社2006年版,第36页。

一、国家的家庭属性：中国政治叙事的独特视角

在第一章我们已经分析了中国政治体系中的家国同构性，这种体制借助于神秘主义的政治学论证了伦理与法治的结合，并通过帝国僵化的制度设计延续了专制主义的历史。因此，中国的政治制度史既是充满血缘的历史，也是一部家庭变迁的历史。

首先，国家历史的血缘属性。国家概念是任何政治学家都必须首先回答的问题。在自由民主主义政治学看来，国家的定义可以从组织和功能上进行双重定义：组织定义把国家视为一系列具有相对新近历史起源的政府组织机构的总和。政府就是制定规则、实施控制、进行指导和规制的过程。功能定义则与组织定义形成对比，既可以经验性地同一系列一般并不归为公共领域组成部分的组织视为一体，也可以根据目标从'事后'的角度定义国家，即社会秩序的维系①。

马克思主义政治学从历史唯物主义的维度，认为国家不是从来就有的，"曾经有过不需要国家、而且根本不知道国家和国家权力为何物的社会。"② 马克思说："在人们的生产力发展的一定状况下，就会有一定的交换（commerce）和消费形式。在生产、交换和消费发展的一定阶段上，就会有相应的社会制度、相应的家庭、等级或阶级组织，一句话，就会有相应的市民社会。有一定的市民社会，就会有不过是市民社会的正式表现的相应的政治国家。"③ 在阶级社会中，国家必然具有阶级属性，"由于国家是从控制阶级对立的需要中产生的，由于它同时又是在这些阶级的冲突中产生的，所以，它照例是最强大的、在经济上占统治地位的阶级的国家，这个阶级借助于国家而在政治上也成为占统治阶级地位的阶级，因而获得

---

① 〔英〕帕特里克·邓利维、布伦登·奥利里：《国家理论：自由民主的政治学》，欧阳景根、尹冬华、孙云竹译，浙江人民出版社2007年版，第2—3页。
② 《马克思恩格斯选集》第4卷，人民出版社1995年版，第174页。
③ 同上，第532页。

了镇压和剥削被压迫阶级的新手段。"①

遵循着马克思主义的国家学说，中国的学者接受了恩格斯在《家庭、私有制和国家的起源》中对于国家产生的基本路径的判断。中国的历史学者进而认为，在中国国家起源中，酋邦是一个重要的阶段，它有着一个逐步脱离血缘关系的过程。在这一阶段，酋邦存在着以下特征：（1）它是一个彼此间有着血缘关系的人们组成的社会组织，仍以血缘纽带维系着整个社会，但是已经有了以酋长为中心的常设领导。（2）它在政治上已具有贵族统治的性质，贵族的身份取决于其与酋长间较为密切的亲属关系，其他社会成员的地位也取决于其与酋长血缘亲属关系的远近。使酋邦成为一个尖锥形的等级社会结构。（3）酋邦内部已经是一个再分配社会，各等级之间在物质财富占有上的不平等开始出现②。

早起的国家无疑建立在血缘之上，这一历史过程也多次为历史学家所确认。朱凤瀚先生认为，商周时代虽已经进入阶级社会，但是社会的基层单位却并未立即转变为纯粹的地区性团体，而血缘性的家族组织仍长期地作为社会的基层单位存在着。地区性组织虽在这种社会中缓慢地形成、发展，但直到春秋时期仍未能全部代替家族组织③。

其次，中国国家认识的家庭视角。以上不同的分析方法着眼于特定国家形式对于国家的普遍理解是有意义的。中国早期国家形成的血缘性也在中国政治史的叙事方式中得到体现，在中国的政治叙事中，国家其实来自家庭的扩大，《史记·五帝本纪》记载："黄帝二十五子，得其姓者十四人。"《国语·晋语》说："黄帝之子二十五宗，其得姓者十四人，为十二姓：姬、酉、祺、己、滕、箴、任、苟、僖、姞、儇、衣是也。唯青阳与苍林氏同于黄帝，故皆为姬姓。"

不难看出，这样的正史记录反映出中国政治的家庭属性，在农业社会

---

① 《马克思恩格斯选集》第4卷，人民出版社1995年版，第172页。
② 沈长云等：《中国古代国家起源与形成研究》，人民出版社2009年版，第83页。
③ 朱凤瀚：《商周家族形态研究》，天津古籍出版社1990年版，第2页。

的中国，对于国家的认识是从家庭出发的。在家庭组织中，血缘关系形成了组织的纽带，帝王以同样的纽带维系了天下，从而使国家的个体纳入同一个家庭体系之中。这种纳入即使国家获得万民拥戴的合法性，也使个体获得家庭般认同感。同时，中国是个国家主义传统深厚的国家，天下万邦的思想既是中国天下观的体现，也反映了家庭个体在国家建设中的责任，"天下兴亡、匹夫有责"的内在逻辑在于，国家并不抽象于家庭之外，国家与家庭的关系并不截然对立，国家本身就是一个大家庭。

因此，家国视角在后来的中国政治发展中形成了双重价值。从稳定的角度看，华夏民族形成了几千年一以贯之的向心力，并自觉把家庭的命运与国家的命运结合起来，把"天下"的命运与"匹夫"的命运结合起来，从而实现国家与个人抱负的连接；但是负面效应在于，家庭视角否定了个人命运与国家命运之间的张力，由于对国家整体命运的过度关注，个体的发展容易会受到秩序的制约。

第三，国家治理的宗法属性。在传统中国，家庭是政治体的重要单元，甚至"中国家庭是自成一体的小天地，是个微型的邦国，从前，社会单元是家庭而不是个人，家庭才是当地政治生活中负责的成分。在家庭生活中灌输的孝道和顺从，是培养一个人以后忠于统治者并顺从国家现政权的训练基地"。[①]

自周礼以来，宗法制度就把国家与家庭的治理结构统一起来，大宗小宗以树状结构把国家治理延伸到了家庭之中：在同姓国家体系中，君主则为大宗，诸侯为小宗；在诸侯国里，诸侯为大宗，诸侯之子则为小宗；在百姓家庭之中，家长为大宗，其子则为小宗，于是从君主到子民，建立在血缘之上的宗法制度统一了国家秩序："大宗不仅享有对宗族成员的统治权，而且享有政治上的特权，因为宗法系统上的等级和政治上的等级是一致的。"[②] 同样，宗法制度也统一了社会秩序："中国古代的宗族内部的上

[①] 〔美〕费正清：《美国与中国》，张理京译，世界知识出版社2006年版，第22页。
[②] 张晋藩：《中国政治制度史》，中国政法大学出版社1987年版，第52页。

下尊卑的等级秩序几乎原封不动地成为了国家政治统治的行政序列，家族内部所特有的宗法血缘关系在实质上也就是国家制度内统治者内部的政治关系。"①

事实上应该看到的是，《礼记·礼运》把上古社会划分为"大同"和"小康"，前者"天下为公"，后者则"天下为家"，这样的划分意味着早期国家与家庭事实上是分离的。在宗法制度下，家庭对组织成员各自行使管制权。东周时期，天下共主时代的结束和秦汉郡县制的建立标志着专制主义国家的建立，基于对封建制度的排斥，国家机器必须延伸到行政区域的各个角落；基于对社会力量的排斥，国家的意志通过政权向族权的下移加以完成，因此家国同构的精妙之处不仅仅在于家庭对国家结构的复制，更在于国家与家庭在权力上的对接。但是，这种对接也始终面临着国家、家庭的链条断裂的危险——当国家和家庭伦理一致、利益一致的时候，这种链条尚能稳固，当这种意识形态遭遇家庭利益崛起的危险时，国家对于家庭的钳制就必须增加更多的政治投入。

二、古代社会对于国家的依附：脆性社会的产生

在传统中国的政治格局中，社会力量是缺位的。在现有的研究中，中国的国家与社会的关系往往被视为纵向的结构性划分。但是在这样的传统中，中国的社会力量无法简单地从底层生长起来，"在光谱的一端是血亲基础关系，另一端是中央政府，在这二者之间我们看不到有什么中介组织具有重要的政治输入功能。"②

首先，强势国家力量的社会渗透。秦晖教授把温铁军教授的"国权不下县"进一步概括为"国权不下县，县下唯宗族，宗族皆自治，自治靠伦理，伦理造乡绅"。③ 这样的伦理结构既塑造了隶属国家的乡村政治体系，

---

① 汤一介：《中国儒学文化大观》，北京大学出版社2001年版，第327页。
② 〔美〕吉尔布特·罗兹曼：《中国的现代化》，国家社会科学基金"比较现代化"课题组译，江苏人民出版社1995年版，第272页。
③ 秦晖：《传统十论》，复旦大学出版社2003年版，第2页。

也塑造了适应这种政治体系的意识形态,国家与社会并没有在广大的地理空间或者纵向权力结构上形成断裂。事实上,在中国的专制体系里,国家的力量始终被不停地强化;当国家不能穷尽地方治理之时,作为国家政治力量补充的乡绅才得以体现,三老即为其中典型,"故宗祝在庙,三公在朝,三老在学。"(《礼记·礼运》)

但是在中国政治体系中,只要条件允许,管制的力量很快就被纳入国家体系,秦统一六国之后,地方行政组织主要分郡、县、乡、亭四级。具体而言,县以下为乡、亭,"大率十里一亭,亭有长;十亭一乡,乡有三老、有秩、啬夫、游徼。三老掌教化;啬夫职听讼,收赋税;游徼徼循禁贼盗。"(《汉书》卷一九上《百官公卿表第七上》)不难看出,这种基于排斥封建制度和社会力量的国家机器必须尤其精妙,即使乡村的管制,也类似守、尉和监而明确分职。而最近的考古发现三老也有官印,有学者进一步认为,在汉朝,"乡三老"具有的官方身份,是因为他们实际上是被汉朝政权正式纳入国家控制乡村的基层管理系统之中的一类人物①。

其次,社会力量脆弱性的历史必然。"由子孝、妇从、父慈所建立起来的家庭关系,不过是民顺、臣忠、君仁的社会关系的缩影。在王朝统治时期,宗法制度发挥了与国家结构的同构效应,大大加强了封建国家对个人的控制、管理作用。可以说,宗法家庭结构像细胞一样,保存了国家组织的信息。"② 在专制国家的建设过程中,中国国家制度的强大修复力使这样的同构性日益强化,国家从组织结构上实现了与家庭治理的无缝对接。

同时从思想上看,隋唐以来的科举制度结束了政统与道统的分野,尤其是明清以来,八股取士的严密思想管制标志着强势国家的力量以政治社会化的形式把国家的意识形态强加于个体之上,个体失去了独立思考的知识体系,在中国国家意识形态之外,难以形成对于国家的系统性质疑,社

---

① 陈明光:《汉代"乡三老"与乡族势力蠡测》,载《中国社会经济史研究》,2006年第4期。

② 金观涛、刘青峰:《兴盛与危机——论中国封建社会的超稳定结构》,法律出版社2011年版,第154页。

会力量的崛起无法获得知识的支持。在无法获得独立性知识体系之后，社会中的个体也选择了道德自省，但是这种道德自省也是建立在"修身、齐家、治国、安天下"的逐步上升的逻辑上的，而不是走向国家的反面。

当个体走向对于国家的依附时，由个体组成的国家反对力量难以存在。当个体试图摆脱国家依附时，就必须首先摆脱家庭的束缚。但是"历史上大动乱所摧毁的是旧王朝的国家组织，而家庭是没有而且也不可能被消灭的。宗法一体化的社会结构，使中国的家族成为一个有经济和组织实力的小社会，这导致宗法家族能成为大动乱中相对稳定的因素。"① 因此，在国家——家庭——个人的关系链条中，很难找到社会生长的政治空间。

第三，不完全市场对于社会力量脆弱性的影响。在神农氏期，就有了物品的交换，《易·系辞》记载："日中为市，致天下之民，聚会天下货物，交易而迟，各得其所"。有了交换，就有了交换的场所——"市"，而伴随着工商业的繁荣，城市作为贸易的聚集点已经成为历史必然了。

"城市是社会发展到一定阶段出现的综合体，是一种特殊的地理空间。它与乡村相对立，是一个地区甚至全国政治、经济、文化的中心，处于领导或支配的地位。"② 泛化的研究揭示了东西方城市的共同特点，世界城市的起源多从农业地区开始，中国的黄河中下游流域、埃及的尼罗河流域、印度的印度河流域、美索不达米亚的两河流域都是世界文明的发源地，也是世界城市的起源地。城市首先体现在筑墙为城以聚集人民的军事功能，但是到了18世纪60年代，欧洲各国经历了工业革命的洗礼，城市发展的进程加速。到了19世纪，英、法等国家城市人口成倍增长，大都会也开始陆续出现。"继1851年英国城市化水平率先超过50%后，德国、法国的城市化水平也在不到一百年的时间内上升到50%以上。1900年世界城市人口比重从5.1%提高到了13.3%。在19世纪的一百年里，随着工业化的突飞

---

① 金观涛、刘青峰：《兴盛与危机——论中国封建社会的超稳定结构》，法律出版社2011年版，第154—155页。

② 马正林编著：《中国城市历史地理》，山东教育出版社1998年版，第7页。

猛进，世界人口增长了 70%。城市人口增加了 340%。20 世纪前 50 年世界人口增加了 52%，城市人口增加了 230%。1950 年全球的城市人口比重提高到 29%，1980 年逼近 40%，2000 年世界城市化的平均水平已经达到 47%左右。"①

作为城市起源地之一的中国，城市在很早时期就出现在历史之中。目前我国考古所发现的最古老的城址为龙山文化时期的城子崖城址、王城岗城址、平粮台城址等②。在汉语中，城与市长期以来是可以分割的，汉语中的"城市"最早见于《韩非子·爱臣》："大臣之禄虽大，不得籍威城市；党与虽众，不得臣士卒。"可见，起码在战国时期，中国的城市形态已经有了基本的确认。

马克思在《政治经济学批判》中指出城市的地点应该适应贸易的需要："在这里，与这些乡村并存，真正的城市只是在特别适宜于对外贸易的地方才形成起来，或者只是在国家首脑及其地方总督把自己的收入（剩余产品）同劳动相交换，把收入作为劳动基金来花费的地方才形成起来。"③ 这种基判断基本厘清了西方城市的发展动力，但这样的判断并不适合中国的城市发展。在中国，许多大城市也陆续出现。不同的是，在这些城市中，除了官员、商贾、军队之外，也居住着大量的农民，"中国城市是从农村派生出来的特殊的地理空间，始终与农村未能割断关系，城市居民中有相当数量就是农村人口，增大了城市的居住区，城区规模也就相应地增大。"④ 农业大国的城市从来就不会放弃农业之本和政治功能，有学者甚至指出："中国历代的城，没有一个是由于工商业的发展和人口的聚集，而逐渐发展演变为城市的。"⑤ 这也似乎印证了马克思的判断："亚洲的历

---

① 张京祥：《体制转型与中国城市空间重构》，东南大学出版社 2007 年版，第 2 页。
② 王守中：《近代山东城市变迁史》，山东教育出版社 2001 年版，第 674 页。
③ 《马克思恩格斯全集》第 46 卷（上），人民出版社 1979 年版，第 474 页。
④ 马正林编著：《中国城市历史地理》，山东教育出版社 1998 年版，第 166 页。
⑤ 傅筑夫：《中国古代城市在国民经济中的地位和作用》，见《中国经济史论丛》，生活·读书·新知三联书店 1980 年版，第 335 页。

史是城乡浑然一体的历史（真正的大城市，在这里，只能认为是帝王的军营，那是真正经济结构上的赘疣）"。①

因此，中国的城市不完全是来自市场的动力，在政治需要超过经济需要时，中国的城市具有相当大的秩序属性而非自由属性，城市仍然是集权的堡垒，而非民众反对集权的前沿。中国古代最有可能孕育社会的独立性就这样湮灭在严密的城市统治之中了。

三、现代中国对于过密治理的强化

1912年清王朝专制统治结束，中国政治开始全面转向民主共和。但是中国迅速饱受外敌入侵和军人干政的恶果，国家分裂和外敌入侵为民国初期的军人干政及军人政权提供了合法性，"所谓军人干政（military intervention）是指军人介入政治，以暴力或以暴力相威胁参与政治资源分配、影响政治决策的方向、改变或中断按照宪法和法律规定的政治运作程序的活动与过程。"② 而军人政权的严密性和纪律性又恰恰吻合了中国过密的治理传统；在力所不逮的乡村，近代中国保留了自治的空间，但仍然以保甲制度与国家政权相勾连。

首先，中国传统军人政治的治理逻辑。一般说来，发展中国家军队的基本功能是保卫社会安定，维护宪法权力、法律和秩序。军人一方面必须是非政治的和超政治的，另一方面则担当着挽救共和国的"超级使命"。这种超越政治与干预政治以防止政治系统腐化之间的矛盾，造成了军人护卫角色的基本困境③。而对于中国来说，军事力量则是中国传统国家的权力更替的常态因素。长期以来，中国都是个一元化思维体系的国家，强调国家统一一直是历代执政者的政治任务，国家的统一就必须依托军事力

---

① 马克思：《政治经济学批判大纲（草稿）》第3分册，刘潇然译，人民出版社1963年版，第99页。

② 陈明明：《所有的子弹都有归宿：发展中国家军人政治研究》，天津人民出版社2003年版，第2—3页。

③ 孙哲：《权威政治：国际独裁现象研究》，复旦大学出版社2004年版，第324页。

量，以军人治理国家也在新生朝代之处有着积极意义。而当国家统一，全力转向经济建设时，军事力量就往往作为国家基础退到国家政治基础保障之地位。

其次，中国军人政治的治理结构。但是纵观中国政治史，国家的统一与分裂长期并存，尤其是近代鸦片战争以来的屈辱地位沉淀往往成为中国普通百姓对于国际政治的思维进路。1912年共和制度建立以来，由于国家统一的任务尚未完成，孙中山先生对国民革命的程序进行了修改，《中华革命党总章》规定："本党进行秩序分作三个时期：（1）军政时期。此期以积极武力扫除一切障碍，而奠定民国基础。（2）训政时期。此期以文明治理，督率国民建设地方自治。（3）宪政时期。此期以地方自治完备之后，乃由国民选举代表，组织宪法委员会，创制宪法；宪法颁布之日，即为革命成功之时。"[①] 因此不难看出，军人政治作为国家治理的特定组成部分，在中国近代史并不刻意回避。

与文官治理不同，军人政治强调秩序和纪律，夏立安先生比较了欧洲与拉美在军队政治方面的不同，指出就军队职业化而言，西方发达国家的军队职业化与拉美的有同有异。相同之处，都认为职业化军队必须符合下列条件：（1）具有从事战争的特殊技能；（2）以军役为职业；（3）拥有一套严格的自我管理体制；（4）恪守统一的思想行为规范；（5）具有强烈的集团意识和团结精神。不同之处在于，西方观念中的职业化军队必须保持政治中立；而拉美的职业化军队则具有较强的政治意识，是国家政治生活中的重要组成部分[②]。从中我们也可以看出，在中国近代以来民族独立过程中，军队也具有强烈的政治意识。孙中山先生的革命程序三段论，肯定了政治思想上军队的作用；国民党对于军队的绝对领导地位，又意味着政治制度上军队独特的政治地位。

第三，政党政府对于社会的过密治理。作为体制外的政党，中国共产

---

① 《孙中山全集》第3卷，中华书局1984年版，第97页。
② 夏立安：《发展中国家的政治与法治》，山东人民出版社2003年版，第196—197页。

党的革命道路是从农村发起的,由于革命党政治任务的隐蔽性和艰难性,建立在严密纪律之上的中国共产党尤其重视基层建设和对于社会力量的整合,从而在中国政治史上第一次以政府以外的力量整合了社会。在新中国成立的过程中,解放军的力量得到了充分的重视,全国人大代表中,军人代表团是单独作为选区进行选举的,并占有着近1/10的席位。在国家陷入十年动乱时期,还一度出现军人管制的政治制度。

但是总体来上来说,新中国的军人在国家建设中逐步让渡出国家权力,并作为国家的武装力量保卫国家主权。虽然在从中央到地方政府成员中,一些军人在建国初期担任各级政府官员,但是经过60余年的过渡,中央政府层面上的文官制度基本上得到确认。但是新中国建立以后,这种政党整合社会的方式仍然得到了制度上的确认:在政府体系,同时建立政党组织,以政党组织和地方政府共同治理的形式继续维持国家整体性;在市场体系,国家以政党组织植入公、私企业等形式强化政党对于资本的控制;在社会体系,村民自治和居民自治组织也必须同时置于基层政党组织的领导之下。尤其需要指出的是,虽然如今这种对于村民自治和居民自治的政治引导已经完全不同于革命时期政党对于社会的控制,但是,作为制度内半排他的政治组织,执政党对于社会的控制仍然体现了过密化治理的痕迹。

第二节 社会生长与过密治理的制度危机

上个世纪70年代末期启动的改革开放开启了中国社会生长的物质基础,在市场经济的推动下,高度扁平化的中国社会开始出现了变化。中国社会结构在经过20多年的时间里,按照中国社会科学院社会学所陆学艺先生的研究,中国由原先所谓的"两阶级一阶层(工人阶级、农民阶级和知识分子阶层)"开始演变为国家与社会管理者阶层、经理人员阶层、私营业主阶层、专业技术人员阶层、产业工人阶层、农业劳动者阶层等十个社会阶层，新中国建立在原有社会阶级和阶层之上的治理开始遭遇结构性挑战。

一、中国政府过密治理的制度延伸

中国过密治理沿着国家与社会、市场三条路径逐步展开，并逐步以制度加以强化。由于中国社会、市场发展都来自国家力量的削弱，社会和市场的独立往往又总是试图突破固化的管理制度，从而在国家与社会、市场之间形成巨大的张力。

首先，过密治理中的政府结构。中国单边治理的逻辑决定了政府必须拥有强大的组织体系和动员能力。由于市场和社会的缺位，中国政府既要承担着公共管理的功能，又要承担市场分配和社会救助等责任。在新中国建国之后的相当长时间里，政府机关高度膨胀，中央部委一度达到近百个，中国政府机构改革的长期困境正在于这种过密治理的制度性延伸。严密的政府组织结构给后来的治理优化带来巨大的困境。由于权力的自我膨胀，那些基于单一职能的政府组织逐步形成了职能的交叉。如人们熟知的九龙治水就是对于这一权力交叉的极端体现。在我国的海洋管理中，海事、海巡、海监、渔政等部门等都拥有相应的执法职能和执法力量。这就在一定程度上形成事权不清、职能交叉和多头管理[①]。中央政府权力划分的含糊性导致地方具体管理的职能重叠。海事、渔政等"九龙治海"的乱象恰恰建立在过密治理的"规范"之上——同质性的治理主体、缺乏弹性的治理过程，政府单边治理的自我中心主义在权力分解为诸多组织之后，也无法完成组织自我消解，而作为对这种权力膨胀的解决方案，一些临时性的跨部门领导小组开始出现，其中部分领导小组由于跨部门问题的长期存在而逐步固化为稳定的政府机关。

---

① 在2013年的政府机构改革中，中央政府将原国家海洋局及其中国海监、公安部边防海警、农业部中国渔政、海关总署海上缉私警察的队伍和职责整合，重新组建国家海洋局，由国土资源部管理。主要职责是拟订海洋发展规划，实施海上维权执法，监督管理海域使用、海洋环境保护等。国家海洋局以中国海警局名义开展海上维权执法，接受公安部业务指导。

而基于中国政府体系的"职责同构"之制度逻辑，地方政府也相应建立了庞大的治理体系，中国政府体系自上而下的职责不分、权力交叉也蔓延到了地方政府，政府治理的过密型传统难以在地方层面加以突破。更有甚者，地方政府还有可能本着"创新"的良好初衷，进一步加大这种制度的细密化①。而权力的交织的背后，是制度的延伸。在我国，立法体系比较复杂，在全国人大立法和国务院行政法规之下，是大量的部门立法和地方立法。出于理性经济人的假设，行政立法机关一定会出于本部门的利益保护，而出台有利于本部门的法律规范。在这些部门法律中，就存在相当程度的职责不分而导致的法律冲突，这种冲突也给政府管理带来很多的不便。

为了解决权力交织，我国积极开展了政府机构的改革。总体上看，这种机构改革主要是从压缩政府机关，转变政府职能入手的。由于市场、社会自主性的不足和政府认识上的差异，我国的政府改革依然建立在体系内部的职能调整。如近十多年来各地先后进行的综合执法改革就是典型例证。这一改革把分散在各个政府部门中的行政执法权相对集中起来，在城市管理、文化市场、农业、交通运输等部门依次展开。相对集中执法防止了执法权力的多头行使，但是由于其执法部门的职能从多个管理部门剥离而来，如何规范管理与执法的权力关系又成为新的问题。

其次，过密治理中的社会依附。上个世纪70年代末期启动的市场经济催生了公共领域与私人领域的分离，也催生了市民社会。"在中国从传统社会向现代社会转型期间需要集中权威的同时，作为一种独立自主的力量，市民社会能够成为遏制这种权威向专制退回的'最后堡垒'；另外，市民社会在日常生活中具有抑制国家权力过分膨胀的作用。"②

在无产阶级专政时期，社会主义国家是否还存在一个独立于国家的市民社会？马克思批判了黑格尔的市民社会与政治国家的永久对立论，也承

---

① 江卉等：《武汉首设食品警察》，载《湖北日报》，2012年3月5日。
② 邓正来：《国家与社会：中国市民社会研究》，四川人民出版社1997年版，第4页。

认"在现代国家中这种分离实际上是存在的。"① 对此,列宁作了进一步的阐述:"无产阶级专政是'政治上的过渡时期',显然,这个时期的国家也是从国家到非国家的过渡,就是说,已经不再是原来意义上的国家了。"② 也正是由于这样的国家性质,列宁把社会主义国家称为"半国家"。③ 因此,我们认为,这种处于过渡时期的国家形态允许市民社会存在,它们与国家相分离,并以权利保护对抗国家权力。同时,由于我国社会正处于并将长期处于社会主义初级阶段,在一定的历史时期和特定条件下仍然存在传统的社会特征。只是需要指出的是,这种权利保护和权力对抗本身将随着无产阶级专政这一政治过渡时期的结束而逐步结束。而光强调在社会主义国家中国家与社会仅仅处于合作而无对抗状态是不全面的。

虽然国家与社会的关系处于相对的一方,但是从政府的层面上看,社会力量可以承担政府的分离出来的职能,并有助于社会力量的理性化;当然社会力量也有可能给政府管理带来很大的压力,政府又希望对社会组织加以控制,这一思维路径在很多时候都在影响着政府的公共政策。以商业行会为例,"德国、法国、奥地利等国一直以法律的形式规定,企业必须加入商会组织。而英国和北欧等地,虽然没有强制入会的法律规定,但绝大多数企业也都自觉地成为商会成员"④。同样在拥有数千年专制主义传统的中国,市民社会的力量也一直与管制力量相伴随。"比较确切的历史事实是,有关中国行会的明确文献记载,始见于唐初约7世纪前后;有关欧洲行会(基尔特)的最早的史料,据认为是拜占庭利奥六世时代(886—912年)颁布的《市政录或贤人利奥皇帝关于君士坦丁堡行会的法令》。"⑤

我国的早期行会分布比较广泛,仅仅以洗浴行业为例,洗浴业在宋朝

---

① 马克思:《黑格尔法哲学批判》,人民出版社1963年版,第100页。
② 列宁:《马克思主义论国家》,人民出版社1965版,第29页。
③ 《列宁选集》第3卷,人民出版社1995年版,第124页。
④ 傅伟光:《行业协会概论》,中国工商出版社2008年版,第38页。
⑤ 曲彦斌:《行会史》,上海文艺出版社1999年版,第4页。

已有行会组织，叫香水行，这种行会类似近代的同业公会。同业为行，由于行业协会的自律性，在市场经济条件下进行行业约束有着积极的意义。同时由于政府对于行会的不信任感，政府也一定在准入或过程中进行比较严密的控制，这种控制甚至在一定程度上了改变行会作为独立治理单位的政治地位。以宋朝行会为例，"宋代行会对市场的垄断不是依靠政治的或行政的权力，而是依靠雄厚的商业资本和对市场网络的控制。对内部市场的争夺，使行会成员缺乏一致对外的凝聚力；娴熟的贫富差别，又使行会各阶层的利益不完全一致，这样，行会内部很难制定出符合全体成员利益、为大家一致接受的行规，需要国家的强制为其制定统一的组织法规。"① 国家控制与行会独立，也一直成为我国行会成立以来的国家与社会总体关系的基本写照。

伴随着市场经济的发展，我国的社会组织已经迅速发展起来。但是作为一种独立于国家以外的力量，当代中国的社会发展同样受到国家的严密控制。目前我国的社会组织可以划分为以下几种：一是市场性中介组织，二是社会团体，三是公益性组织，四是政府直属事业单位，五是行业协会，六是民办非企业类。以上所有的组织都必须在政府审批之后方能成立并开展活动，并接受政府的监督。在制度实施上，鼓励这些社会组织挂靠政府或事业单位；但是值得关注的是，过密控制的政府制度延伸也发生在国有企业、学校等组织内部，这些组织由于其官办性质及其衍生的路径依赖，越来越强调其规范意义，于是这些本该遵循自由经营和独立运作的组织越来越依附政府，最终成为政府组织的一个社会性投射。同样的逻辑，那些具有官方性质的社会团体也由于路径依赖而日益具有政府的垄断性。

第三，过密治理的市场表现。政府与市场的关系一直是政治学研究的重要内容，尤其是当政府失败遭遇市场失灵时，反思政府与市场的关系则尤其重要。政府是否需要干预市场，在多大程度上可以干预市场，其实底线就在于政府是否可能干涉到市场机制的有效发挥。

---

① 魏天安：《宋代行会制度史》，东方出版社1997年版，第97页。

曹沛霖先生强调，市场机制其实就是价值机制，市场机制必须建立在下列基础上：（1）市场主体必须作为独立的实体存在；（2）产权界定明晰；（3）市场竞争完全性。① 那么作为政府来说，在中国启动市场经济的时候，就必须维护前文提及的三个机制。即维护企业的独立性、明确产权制度、保障市场的竞争性。但是，由于我国的公有制为主的经济性质，大部分国家企业仍然垄断了市场，因此，在政府与企业的关系上就很难严格区别政府与国有企业的关系。当产权制度不清晰的情况下，政府就可能干预市场，以确保国有企业的盈利，甚至直接干预企业的经营行为。在权力本位的情况下，我国很多国有企业的经理人甚至拥有行政级别，政府和权力成为这些企业获得利润的推进器，也成为这些经理人奋斗的目标。

而对于私营企业来说，由于无法与国企处于同一起跑线上，在符合独立的市场实体存在和产权界定明晰之后，其期待的必然是市场竞争的完全性。但是在国有企业利润必须增值的刚性约束下，私营企业难以获得与国有企业相同的产业政策、税收待遇、贷款额度等，也就是说，在市场不完全竞争的情况下，政府的自利性冲动有可能不是完善市场，而是干预市场的完善。关海庭教授深刻指出这种行政权力对于市场经济体制的干预导致的结果："从传统计划经济向社会主义市场经济的过渡是中国经济现代化的方向。然而由于缺少市场经济的传统，特别是计划经济体制长期存在的现实，国家只有依靠权力来创造市场。然而，随着经济的发展，传统国家体制的无限性和人治性色彩难退，权力并没有从资源配置中退出去。因此，在中国形成了所谓的'国家市场经济体制'，即资源配置中国家对市场的功能替代式的经济体制。随着整个经济的发展……在交易成本最小化规律的推动下，产生了严重的'寻租'现象。"②

因此，在中国市场经济体制建立的过程中，始终面临一个权力退出的过程。当权力和利润捆绑时，这种退出尤其困难。权力在中国市场经济体

---

① 曹沛霖：《政府与市场》，浙江人民出版社1998年版，第42—43页。
② 关海庭：《中俄体制转型模式的比较》，北京大学出版社2003年版，第366页。

制的影响主要体现在市场机制和企业运作机制两个面,当市场和企业的自主性无法得到充分体现时,政府重新背负了两者的包袱。而当企业和市场高度依附政府时,单边治理的盲目性仍然将会导致巨大的制度代价。

二、中国政府过密型治理的制度困境

国家治理的转型对传统的治理体制形成巨大的压力。伴随着国家传统治理方式的改变,原先的刚性制度开始受到全面的挑战。事实上,政治稳定问题伴随着新中国的成立始终,但是在国家政治功能发挥到极致的建国初期,政治稳定问题和今天的秩序压力不完全等同。从上个世纪80年代初期,中国社会治安开始出现一些问题,虽然经历了严打等措施,但是由于社会领域的分化和利益诉求的多元化,原先的单一治理模式越来越不能适应社会转型的要求,维护社会稳定就成为确保改革开放的制度基础,作为政府强力介入社会管理的一个视角,维稳暴露的一些经验和问题也同时成为我们关注的焦点。

首先,政治稳定的基本逻辑。政治稳定是颇具中国话语特色的政治学概念,是一个相对性的定义。"所谓政治稳定,就是指国家政治系统,既能维持既定的基本政治秩序,又有适应社会政治变迁的能力、社会政治生活表现出一种连续、合范、可控和有序的状态。"[①] 在新的政权建立之初,政治稳定是压倒一切的任务。但是当政权处于建设过程中,影响政治稳定的问题逐步解决,完善政府治理的问题就将成为新政权的重要任务。在秩序优先的逻辑下,任何危及政治秩序的社会失范行为都可能被政府所纠正。但是,在稳定的大局下,这些过分的纠正往往被理解为必要的代价。

在我国的政治学话语中,政治稳定又往往等同于社会稳定。从社会学出发,邓伟志教授认为,所谓社会稳定是指一种社会的良性运行与协调发展状态。即社会结构诸要素之间都要按照一定的顺序,构成相对稳定的网

---

① 马建中:《政治稳定论:中国现代化进程中的政治稳定问题研究》,中国社会科学出版社2003年版,第18页。

络体系，它往往与社会结构、社会秩序、社会规范、社会平衡、社会整合、社会控制等概念相联系①。因此，可以看出，政治稳定与社会稳定并不相同，而存在着价值导向的背离。政治学既要关注政治稳定，也要关注社会稳定，在国家社会的二分法看来，双赢的国家与社会一定都是稳定有序的结构。但是，由于国家来自社会，并建立在社会变迁之上，因此，试图以政治权力控制社会变迁是对力量结构的认识误区。但是，由于社会力量的对比变化确实会改变政治权力的结构与过程，因此，保持政治稳定的背后应该有着对于社会稳定的相对明确的考察与分析。

其次，维持稳定的制度演变：镇反、严打和维稳。以维稳为核心，国家公安机关、法院、检察院、国家安全、武警部队等机关先后纳入体系之中，并按照"职责同构"的逻辑遍布国家政府体系。中国的国家治理与社会治理以维护稳定的名义再次紧密联系起来。在维稳过程中，我们可以看到制度是如何演变并逐步实现细密化管理的。

在建国初期，新政权受到了国内国际两个方面的巨大压力甚至破坏，在国家公共安全体系没有建立的初期，政府的政治职能得到了极大的发挥。正如邓小平在建国初期的一次讲话中所提及的，"对于反革命分子必须依照中央精神，该捕的捕，该杀的杀，该判徒刑的判徒刑，该放的放，该管的管。我们反对的是简单粗糙、乱捕乱杀，但同时必须防止对反革命活动熟视无睹的倾向。特别是对反革命现行犯不及时镇压是很危险的。"②当国家政权稳定之后，政府的职能就必然会转向经济、文化和社会管理等职能，而维持稳定就有了更加明确的内涵。

在打击反革命的同时，一些刑事犯罪分子也得到过重的处理。这种治理思维也成为一种普遍的思维方式。"如南宁市惯犯梁顺汉，一贯流窜邕、桂、柳、梧、衡阳等市行窃，前后捕了 4 次，逃跑两次，捕后只判两年徒

---

① 邓伟志：《变革社会中的政治稳定》，上海人民出版社 1997 年版，第 21 页。
② 中共中央文献研究室：《邓小平西南工作文集》，重庆出版社 2006 年版，第 420 页。

刑，因而群众反映'人民政府镇压反革命有办法，但对盗窃分子则束手无策'"①。虽然在这样的文献中，我们尚不知道这个罪犯的结局，但是这样的评论起码说明了，镇压反革命的对象与力度可能远远超过对于一个惯犯的惩治范围和措施。

所谓"严打"，即依法从重从快严厉打击严重危害社会治安的刑事犯罪活动。在"文革"结束以后，中国进入了市场经济初步发展时期，但是在这一时期，由于社会的转型与价值观的冲击，社会治安出现了很大问题，而伴随着这一形势，"严打"也被相应提出了。1983年7月19日，邓小平指出："刑事案件、恶性案件大幅度增加，这种情况很不得人心。几年了，这股风不但没有压下去，反而发展了。原因在哪里？主要是下不了手，对犯罪分子打击不严、不快，判得很轻。对经济犯罪活动是这样，对抢劫、杀人等犯罪活动也是这样。"②"现在是非常状态，必须依法从重从快集中打击，严才能治住……每个大、中城市，都要在三年内组织几次战役……先从北京开始，然后上海、天津，以至其他城市。"③严打持续3年5个月。全国共查获各种犯罪团伙19.7万个，查处团伙成员87.6万人；全国共逮捕177.2万人，判处174.7万人，送劳动教养32.1万人④。事实上，作为一种运动式的社会维稳手段，严打被反复多次使用。有时候作为一种专项治理，有时候则作为全面的社会治安治理。从1990年5月到9月底，全国第二次严打查获犯罪团伙79758个，抓获团伙成员337098人，破获刑事案件796170起⑤。

严打过程同时伴随着学理的思考，直到现在，在维持社会安全方面，多大的制度成本是值得的，这不仅仅属于法学讨论的内容，更是维护社会平衡的重要底线。近代欧洲社会的初期，由于正处于从封建专制向近代国

---

① 钟枫：《金盾之光》，广西人民出版社2006年版，第57页。
② 《邓小平文选》第3卷，人民出版社1993年版，第33页。
③ 同上，第34页。
④ 《严打斗争与社会治安干部读本》，中央党校出版社2001年版，第64页。
⑤ 同上，第65页。

家过渡时期,社会局势动荡不安,滥用暴行的倾向极为明显。与近代初期的资本主义发展相应的经济及社会结构的变化也同时导致了刑事政策的变化。特别是由于生产方式的变更而失去了生活基础的农民不得不从流浪汉沦为财产犯罪的惯犯。但是对于这一新的犯罪现象,严刑峻法的犯罪防治对策已显得无能为力。因为对于因贫困而产生的犯罪,只有救济贫民和发展生产才是唯一可行的办法①。事实上,对于犯罪控制,法学、政治学与社会学的视野各有不同,但是社会学往往更认同犯罪问题背后的社会差别。

正如前文所说,在政治学一般理论看来,政治稳定意味着政治安全;而在社会学看来,社会稳定则意味着社会结构的协调。由于国家治理建立在秩序之上,因此任何挑战现有秩序的行为都是不安全的。当然引发政治不安全的因素很多,人口、环境、战争、灾荒等都可能导致政治不安全的出现,在拥有国家主义传统的中国,国家的力量必须对可能出现的各种风险进行预警和控制。1990年4月,中共中央发出《关于维护社会稳定加强政法工作的通知》,指出维护稳定是全党和全国人民压倒一切的政治任务。《通知》也宣布恢复中央政法委,适当调整其职责任务;各地党委政法领导机构的名称统一为政法委,并加强建设。次年,中共中央、中央政府和全国人大常委会先后颁布《关于加强社会治安综合治理的决定》(即"两个决定"),从国家层面上启动了改革开放时期的制度性的社会控制。

因此,从肃反、严打到维稳,中国的社会治理是围绕着政治安全这个核心逐步进行的。但是仔细分析,这种逻辑的演变背后是治理方式的进步。在肃反时期,国家的专制力量与反对的声音无法形成对话,任何不同意见都有可能被肃反的总任务所淹没。而严打的过程始终包含着法律适度的争论,这种争论直到今天还在持续,并直接导致中国特色的严打政策的淡化;维稳其实是伴随着市场经济的发展而逐步开展的治理活动,总体上

---

① 韦良平等:《我国刑事政策的基本内容》,见陈泽沅主编:《"严打"政策法律问题研究》,中国档案出版社2003年版,第151页。

看，如何既能维护政治安全，又能让社会充满活力是维稳制度推行的重要难题。从近年来的社会综合治理转变为社会管理就可以看出中央政府对于社会发展及其复杂性的认识的变化、

第三，稳定背后的信任危机。从社会资本理论来看，社会信任构成了社会发展的重要内容。从公共治理的角度看，政府治理与社会治理也有着同样的行为目标。但是过密型治理的背后是政府对于社会的不信任，更为严重的是，在过密型治理的逻辑下，无论城乡，多数的社区也开始承担着越来越多的政府职能，从而使社会自治显得尤其困难。在江苏省扬州市，一些社区挂上了20多块牌子[1]；而在广州，一个社区居委会竟挂43块牌子，这些牌子本身就意味着政府过密治理对于社区自治的捆绑[2]。

众所周知，政府管理首先是常态的管理，但是由于改革开放以来社会政治的巨大变化，相对稳定的社会形态一定会随之发生变化，不断分化的社会阶层伴生着日益多元的利益诉求，这种利益群体也在分化中日益整合，这就要求政府体系作出相应的制度调适以规范这种利益表达的管道建设。但是长期以来的单边治理的逻辑使一些政府部门并没有明确分辨这些利益表达的群体，在某地方政府社会管理网站上，重点管理对象包括：外来暂住人口、涉企上访、涉军上访、涉农上访、涉法涉诉上访、房屋拆迁、上访老户、刑释解教、社区矫正对象、邪教组织人员等10类人员[3]。很显然，这10类人中既有固定的人群（外来暂住人口）、利益表达群体（各类上访人员），也有回归社会成员和涉嫌违法人员，把这些人群不加区别地放在一起进行"重点管理"显然很不合适。而建立在这种所谓"重点

---

[1] 孙晓光等：《社区挂了20多块牌子，工作人员直喊累》，载《扬州时报》，2012年2月7日。

[2] 陈翔等：《广东基层代表：1个社区居委会竟挂43块牌？大多是虚牌》，载《广州日报》，2012年3月8日。

[3] 济南市天桥区纬北路街道：http://www.wbl.gov.cn/show.asp? xwid = 5JDG49A50GB1HFCF，（访问时间：2012年3月8日）。

管理"认识之上的制度建设本身就面临合法性困境。如果不能对制度进行完善，基于秩序的维持，越来越多的公民一定会成为过密治理的对象。

事实上，国家与社会的治理逻辑并不相同，政治稳定的社会基础并不意味着社会完全依附于国家的治理，社会自主性的获得是社会自我生长的重要前提。自科学管理时代以来，政府管理都建立在科层制之上，而社会恰恰建立在平面化之上，以科层次的严密管理来对社会进行分层管理本身就可能违背了社会的发展规律。

三、过度治理中的过分纠正

作为过密型治理的极致，中国维稳体制的刚性特征早已为于建嵘先生所确认。我们更是看到，建立在压力体制下的中国式治理更大的弊端在于治理的过密性，这种过密治理本身存在于各种领域，而其遭遇到的制度困境不过是在社会整体性崛起之时的集中体现。

首先，刚性秩序下的重刑主义特征。在刚性稳定的制度要求下，任何暂时无法被秩序至上者所容忍的行为可能受到强行约束，甚至付出过度的代价。在上个世纪90年代的严打中，河北人聂树斌被指控为一起杀人案件的凶手，并被执行死刑，而时隔10年之后，又一通缉犯王书金承认其本人为该凶杀案的真正凶手。无独有偶，几乎相同时期，"一案两凶"又在内蒙古得到重演，一出10年前就已经审结并已经执行完毕的重大杀人案件在10年后突然又冒出了另一个凶手。

我国拥有悠久的重刑主义的传统，在社会失范的情况下，重刑主义的思维往往成为一种社会治理的内在思维方式。"刑法是镇压之法，于是，刑法受到统治者的特别关注。加之中国古代长期处于自然经济状态，商品交易在整体国民经济中只占微弱地位，民商法得不到发展。这样，中国自古以来的漫长岁月中刑法在法律体系中一直居于中心地位。'乱世用重典'自然成为历代当政者的治国经验，中国社会古来乱世长于盛世，所以，形成了刑法优位、重典优位的法制局面。"① 这种传统也在今天建设法治国家的进程中不时得到体现。但是应该看到的是，严打中的错误判决不仅仅是个法律适用和司法程序的问题，也反映了在秩序优先的价值引导下，理性精神往往没有得到足够的重视。在国家的法律体系中，行政法与刑法等法律解决的对象虽然有所不同，但是在刚性维稳的要求下，刑法往往直接形成主要的制裁方法，即使不是刑法，至今尚存合法性危机的劳动教养制度也被多次使用，并可能在一定程度上形成社会不满。

其次，刚性维稳下的单位人属性的回归。在计划经济体制下，起码在中国城市中，中国人被各种大大小小的单位所编织。"在当代中国的城市中，每个人都隶属于某一个单位。单位对于中国人来说，是介于国家与家庭之间的至关重要的桥梁。它为个人的社会活动提供了一个必不可少的空间，是个人生活定位、身份定位和政治定位的外在标志，同时又是国家调控体系的承载者与实现者。脱离单位研究当代中国的政治生活、经济生活与社会生活，几乎是难以想象的。"②

事实上，人民公社摧毁了中国传统村社传统组织的同时，没有能够建立起基于行政管制秩序的新型社会组织；同时，计划经济的失败也终结了把城市个体全部纳入政府组织下的企业或其他单位的努力，区域经济不平衡导致的中国史上前所未有的人口大流动，冲垮了任何基于固定属性的人口社会组织再编织，虽然强制遣送制度由于违宪而终止，但是，那种基于户籍制度之上的刚性管理模式仍然以居住证的期限来加以限制公民的自由流动。在人口流动的潮流中，产业的转移也偶尔带来了东西部人口流动的适度反转，中西部地区的人口开始逐步从东部地区开始回流，但是由于西部地区有着广阔的行政区域，在流动人口管理不足的情况下，大量的人口回流也一样会暴露东部地区的管理困境。

---

① 李瑞生：《中国刑罚改革的权力与人文基础研究》，中国人民公安大学出版社2011年版，第204页。

② 刘建军：《单位中国：社会调控体系重构中的个人、组织与国家》，天津人民出版社2000年版，第16页。

单位情节在人们心中的思维定势难以短期内消退，但是试图重新编织单位以管理社会流动的方式是困难的，政府无法做到，企业也难以做到。"在现实中，一个有组织的少数往往为某种动力所驱使，不可避免地主导一个无组织的少数。多数中的任何单个人在任何少数的权力面前是无能为力的，它面对的是一个有组织的作为整体的少数。"[1] 但是伴随着计划经济的解体，单位的解体已经证明了人类理性的有限性，以有限的理性来纠正甚至捆绑无限的社会难免会付出不必要的代价。

第三，有限理性对于泛化社会的过度纠正。刚性的维稳否定了社会理性的存在，社会作为一种联合体，本身就有内省和自我管理之功能，当社会受到政府过密规范的时候，社会组织无法得到理性生长，社会组织难以形成类似政府一样严密的组织结构，其作为行业协会或者其他中介组织有着自身独特的治理特色；同时由于人们的不同的利益诉求，也必然同时隶属于不同的社会组织。尤其是当单位人转变为社会人以后，这种人群的社会重组趋势更加明显。

前文提到的地方政府把外来暂住人口、涉企上访、涉军上访、涉农上访、涉法涉诉上访等人口作为管理重点本身说明了两个问题：一是这些人群已经开始形成利益集团；二是政府对于利益集团形成的控制的强化。于是在利益集团形成的过程中，政府管理组织相应增加，增加的组织往往难以把握维稳的尺度，在一些地方，正当的利益诉求行为被过分干预了，从而形成维稳体制的扩大化、非常体制的常态化和社会冲突的激烈化。

因此，维稳并不仅仅停留在国家政治稳定和社会治安等方面，维稳背后是治理的秩序优先原则。但是不难看到，秩序优先原则正在国家治理的各个环节遭遇挑战，城市管理与小摊贩的矛盾、市场监管与小微企业的矛盾、让民工进城与非市民待遇的矛盾、教育管理与办学的矛盾、国家科研基金与学术自由的矛盾等都形成了弥漫社会的诸多张力。而这种矛盾的激

---

[1] 〔意〕加埃塔诺·莫斯卡：《政治科学要义》，任军锋等译，上海人民出版社2005年版，第122页。

发往往正是因为前者对于后者的强势干预。以秩序强势干预甚至剥夺自由最终可能损害公共领域的自主性，强化社会对于国家的不信任感，而这些恰好与维稳的出发点相悖。

第三节　过密治理的消解与社会突围

很显然，维稳是立足我国改革开放和市场经济，基于社会边界控制而展开的政治保障工作，这是政府内在的职能，无可非议。应该看到的是，中国现代社会的生长也发生在这一时期，社会生长的自主性本身有可能会冲击政治制度边界，但是如果仅仅过分关注这种社会生长的负面效应，并轻易启动过密型治理的控制机制，社会有可能寻求非制度化的途径。

一、社会冲突对于过密治理的消解

社会的生长与政府的钳制形成了巨大的反差，但是当社会生长遭遇政府的强力控制时，二者的张力就一定发生碰撞。中国是个家国同构的政治制度，"中国人常知有家而不知有社会"[①]，但是在市场经济启动以后，家庭这个社会单位逐步碎片化，形成了大大小小的所谓"核心家庭"，少子政策虽然催生了这种核心家庭的稳定性，但是无法形成能够自足的治理结构，于是社会在国家与家庭之间的形成同样成为一种公共生活的需要。

首先，社会冲突中利益表达的管道重建。前文已经讨论过，在中国传统的家国同构体系中，并没有社会的空间。在传统家庭和国家体系解构以后，通过家国一体政治表达的政治管道破坏了。当个体利益表达无法通过原先的管道进行时，重建利益表达的新途径则成为必需。

但是在现有治理体制中，政府体系中的制度管道往往成为主要沟通途

---

① 金耀基：《中国的现代转向》，牛津大学出版社2004年版，第8页。

径，纵向金字塔权力结构下，利益通道遵循自下而上的原则逐级上达。但是由于地方政府向地方人大负责的责任体系，地方政府首先有责任处理并回应地方的利益诉求，并尽量在权力范围之内进行有效处置。只有在利益表达超越地方政府权力范围之时，利益表达才会由政府体系内部向上一级政府进行传递。由于政府对于社会组织的管制强化，真正独立于国家之外的社会管道难以形成，于是公民的利益表达以个体性的力量首先进入政府管道，而当地方处于权力限制无法解决一些利益主张时，公民个体往往选择直接向有权单位进行反映，这对于公民来说是一种理性选择，但是对于政府来说，这恰恰违背了制度内管道的建设本意，属于"越级上访"。

过窄的政府管道与广泛的利益表达显然形成了紧张局面，但是这种紧张局面的缓解显然难以通过缩小利益表达而实现。由于个体的觉醒和利益的多元化，以简单的政府内管道建设显然难以胜任。按照亨廷顿的逻辑，在政治稳定方面，如果不能减少政治参与，那么就应该扩大政治制度化的路径，因此社会冲突意味着利益表达的管道重建，即在政府体制内管道无法拓宽的前提下，应该争取拓宽政府体制外的利益表达管道，而这一任务首先落到了社会身上。

其次，过密治理对于社会生长的压制。社会管道首先必须建立在社会的充分发展之上。但是过密的单边治理结构窒息了社会生长的空间。在社会生长的过程中，公共参与首先遇到亨廷顿所指出的制度不足，当管道无法在体制内建立时，社会的力量就会试图建立自身的表达管道，这就是制度外的社会突围。广东"乌坎事件"爆发的激烈与事件结束的平静形成了巨大的反差：当社会开始试图在体制内进行利益表达时，却遭到了粗暴的干预；于是社会开始寻求自我表达，并通过现代媒体吸引了众多的利益支持；而当政府强力维稳时，村民的利益表达开始突破原先的经济主张；当政府与村民实现和解时，村民的利益表达重新回归经济诉求，并以投票率超过80%的广泛参与在制度内完成了村民自治组织的调整。

社会生长与政府生长之间并不冲突，一个成熟的政府需要一个成熟的社会支持。事实上在政府与社会的关系上，存在着不同的对应关系，分别是：成熟的政府与成熟的社会；成熟的政府与不成熟的社会；不成熟的政府与成熟的社会；不成熟的政府与不成熟的社会等四组关系。

A 成熟的政府	B 成熟的社会
A1 不成熟的政府	B1 不成熟的社会

在上述四组关系中，成熟的政府与社会形成相对稳定的一组关系，而不成熟的政府与不成熟的社会在专制制度下也是稳定的；但是当政府和社会开始成长的时候，二者的不成熟性则有可能构成不稳定治理的组成要素。进一步讲，只要在政府与社会的对应关系中的一方出现了不成熟的政府或者不成熟的社会，那么这个对应关系就可能出现极大的不稳定性，政府与社会的冲突就可能发生。

第三，社会冲突背后的社会生长。科塞纠正了帕森斯对于社会冲突负面性的判断，在后者看来，冲突是功能失调和破坏性的，是人类社会的"特有病态"[①]，这种判断也在很大程度上吻合了中国政府体系对于社会管理的思维定势。着眼于阶级分析的视角，社会冲突催生了国家。恩格斯说："由于国家是从控制阶级对立中产生的，由于它同时又是在这些阶级的冲突中产生的，所以，它照例是最强大的、在经济上占统治地位的阶级的国家，这个阶级借助于国家而在政治上也成为占统治阶级地位的阶级，因而获得了镇压和剥削被压迫阶级的新手段。"[②] 国家的本质特征就是"和人民大众分离的公共权力。"[③] 他们进一步指出，只有在社会主义国家里，社会权力才能被解放出来，国家权力才能和社会权力高度一致。

同样从自然法的角度，西方政治思想家也一度认为国家的产生是对自然状态的取缔。洛克批判了霍布斯对于自然状态的可怕的描绘，认为自然状态是一种平等的状态，"在这种状态中，一切权力和管辖权都是相互的，

---

① 〔美〕L.科塞：《社会冲突的功能》，孙立平等译，华夏出版社1989年版，第9页。
② 《马克思恩格斯选集》第4卷，人民出版社1995年版，第172页。
③ 同上，第116页。

没有一个人享有多于别人的权力。"① 洛克强调了亚里士多德关于国家是基于共同契约的观点，认为要结束自然状态，必须以共同契约的形式建立国家，"因为并非每一个契约都起终止人们之间的自然状态的作用，而只有彼此相约加入同一社会，从而构成一个国家的契约才起这一作用；人们可以相互订立其他协议和合约，而仍然处在自然状态中。"②

因此，简单地分析社会生长本身也可以得出两个不同的结论：帕森斯对于社会冲突作出了社会病态的判断；但是在科塞看来，社会冲突也具有一定的正功能，其可以保证社会的连续性，并防止社会结构的僵化。正如科塞所总结的："在松散结构的团体和开放的社会里，冲突的目标在于消解对抗者之间的紧张，它可以具有稳定和整合的功能。由于允许对抗的要求直接和立即表达出来，这样的社会系统能够通过消除不满的原因重新调整他们的社会结构……此外，冲突在一个团体经常发生还有助于现存的规范获得新生；或者推动新规范的产生。在这个意义上说，社会冲突是一个调整规范适合新环境的机制，一个弹性的社会从冲突中受益"③。

二、社会运动背后的力量形成

社会的转型往往伴随着社会运动，社会运动则可能促使治理的转型，这些都为世界多数国家的社会政治历史所证明。但是社会运动需要许多促成条件：社会变迁、思想的传播、社会力量的萌发与参与、对公共政策的压力等。

首先，社会观点的碰撞与社会运动的兴起。在自由社会，人们必然存在不同的观点并形成碰撞，当这种观点为人们所熟知并产生强烈的政策影响时，社会运动就会形成。在西方国家，和堕胎相关的运动就有完全不同的两种，一种是支持堕胎运动（自由选择运动，Pro-Choice Movement），

---

① 〔英〕洛克：《政府论》（下篇），叶启芳、瞿菊农译，商务印书馆1964年版，第5页。
② 同上，第11页。
③ 〔美〕L.科塞：《社会冲突的功能》，孙立平等译，华夏出版社1989年版，第137页。

另外一种则是反对堕胎运动（生命权运动，Pro-Life Movement）。

从不同的研究视角，社会运动有着不同的意义。在政治学看来，"社会运动是一种在一个松散的织织框架内策动而成的特殊的集体行动，其行动的动机在很大程度上根源于成员们的态度和渴望。要成为社会运动的一部分，需要的是一定水平的献身精神和政治积极性，而不是正式的或持有证件的成员身份。"[①] 在社会学看来，社会运动和集体行动是两种不同形式的社会行为，同时两者又有共同之处。首先，社会运动是有计划性和目的性的，它的活动一般可以实现具有重大历史意义的变化，所以同集体行动相比，社会运动对社会现实生活模式的干预是比较深刻和持久的；其次，同集体行动相比，社会运动更具组织性和结构性[②]。

中国的社会变迁正在以集体行动的形式激发人们的关注，这种集合行为或在网络，或在生活之中。"社会结构的内容可以看做是社会的主体——人及其社会活动和社会关系的存在方式，一般表现为人群组合结构、地域空间结构、社会行为规范结构几个层面。"[③] 由于社会发展的快速，中国的社会结构发生着急剧的变化，而公共意见的形成则显示其初步性与不成熟性。这些公共意见或者超越了人群组合结构，也可能同时超越了地域空间结构、社会行为规范结构。借助网络等新媒介，人们时而形成比较一致的观点，时而形成完全对立的主张，但是这种表面上的混乱无序，恰恰是社会力量积聚的必然阶段，社会力量在完全冲突的意见交换中形成，并在力量比较中形成相应的社会团体。

其次，社会运动背后的力量整合。文军等学者强调指出，在我国社会加速转型期以前，国家对社会采取强制性的、高度的政治整合，在牺牲社会的活力和自主能力的同时，在一定程度上维护了社会的稳定，但并没有

---

① 〔英〕安德鲁·海伍德：《政治学核心概念》，吴勇译，天津人民出版社2008年版，第288页。
② 张咏梅：《社会学概论》，兰州大学出版社2007年版，第153页。
③ 同上，第49页。

获得社会稳定和社会发展的同步效应①。事实上，社会运动的形成总是由许多个体共同参与，这其中，多少人形成行为一致则尤其重要，"一个群体的利益未能够获得充分代表的严重程度，取决于这个群体中的成员搭便车行为的程度。"② 在社会常态生长中，社会首先需要自身力量的整合。"乌坎事件"揭示出社会正在形成集体性力量，并在现代社会运动的发生中与控制的力量形成初步性交换。但是地方政府却恰恰误判了这样的群体力量的形成现实，甚至仅仅认为是"一小撮"人对政府的挑战，从而直接造成了刚性维稳背后的结构代价和信访僵局的制度困境。当然，按照科塞的判断，中国社会力量的形成也有个冲突的过程，也会在外部冲突和内部冲突的互相交织中形成集体性诉求，并在共同的利益表达上形成统一行动和统一的组织。

其实，社会力量的发生最终将形成社会结构变化。社会注定分化，并注定形成不同的集体力量。"社会分化是指社会结构系统不断分解成新的社会要素，各种社会关系分割重组最终形成新的结构及功能专门化的过程，其基本形式有两种：一是社会异质性增加，即群体的类别增多；二是社会不平等程度的变化，即社会群体间的差距拉大。"③ 虽然在理想主义者看来，社会差距是难以弥补的社会苦难，但是即使在自由主义者看来，人天生就存在差异，自由主义者不过是试图提供机会平等而已，并不否认社会结构的存在。事实上，社会结构的存在恰恰体现了社会自身的稳定性，当社会结构趋向稳定时，社会自我调适的能力也得到增强。而那些个体社会力量也将逐步受到来自社会内部的压力与控制。

因此，秩序优先原则决定了政府面对混乱的社会群体行为的本能判

---

① 文军、朱士群：《社会分化与整合及其对中国社会稳定的影响》，载《理论与现代化》，2000年第12期。

② 〔美〕尼尔·K.考默萨：《法律的限度——法治、权利的供给与需求》，申卫星、王琦译，商务印书馆2007年版，第63页。

③ 文军、朱士群：《社会分化与整合及其对中国社会稳定的影响》，载《理论与现代化》，2000年第12期。

断,但是社会发展有着自身的规律,社会异质性的增加决定了以单边治理换取秩序的困难,而社会群体的差距拉大则意味着弥合社会差距的成本必须相应增加,而这些往往通过刚性治理难以解决。于是从表面上看,这种社会裂变开始严重挑战了政府追求的社会秩序,并正在打破传统社会发展的平衡。

三、社会力量的平衡、规范与控制

从政府层面,社会运动确实会改变政治治理的结构。这种治理结构的变化取决于社会的结构变化。当社会力量形成集合时,社会个体行为将蕴含于社会之中。但是从政府管理的层面上说,社会治理不是简单地退出,在社会发育的初期,政府仍然承担着确保社会发育的秩序的供给等功能。

首先,社会力量的规范。其实,社会的发展并非无序进行,只是社会发展的内在规律决定其无法严格按照政府制定的秩序进行。从社会层面,社会运动并不会必然导致混乱,对于社会自身的发展来说,社会有着自身动态平衡的功能。市场经济体制中,要素、禀赋的不同催生了社会个体的差异,甚至导致社会的不平等。社会运动在很大程度上正是为了消除这种不平等和差异性,但是如果这是市场经济体制形成的,那么政府就难以改变这种不平等的结构,但是社会发展遵循自身的发展规律,"社会不平等构成了个体的社会分层的基础。一旦社会不平等现象有了一定的积累、成为制度化的个体社会等级评价体系,社会分层就出现了。社会分层就是在传统、习俗或法律的基础上制度化的社会不平等体系。"[①]

因此,社会生长的现状决定了政府的社会管理不能简单地建立在维稳和综治模式之上,正相反,这两种模式作为被动的社会边界守护,只能在非常状态下才能发挥积极作用。但是现有的思维习惯仍然可能起着重要的影响,2011年,海南成立国内首个省委群工部,信访与维稳办合署办公,从而提高了相关部门的行政地位,但是如果不能解决社会生长的引导工

[①] 毛寿龙:《政治社会学》,中国社会科学出版社2001年版,第261页。

作，这样合署办公很有可能强化维稳而非信访。

其次，社会力量的平衡。在国家与社会之间，法律往往成为政治学者认可的平衡途径："'法治'意味着应当在一般意义上防止政府权力的滥用。控制权力滥用需要对这个问题本身有很好地理解和评估。"① 很多群体性事件的发生正在于公权力的滥用，而群体性事件的平息则在于公权力的回归。法律作为正义的尺度，可以在国家与社会之间实现平衡功能。

在不同的社会阶层，社会力量的发育也有不同。美国的学者早已发现，并不是有着共同利益的人会自然形成集团，"生活水平较低者很少积极参与、资助社区组织或在其中担任领导职务。另一方面，那些生活水平较高的家庭构成了正式集团活动积极参与者的绝大部分……上层阶级和中产阶级的非组织化人口比例分别为 1/10 和 1/4。"② 在中国，有学者指出，中国利益集团的发展呈现以下趋势：（1）不少利益团体呈隐性化，多数情况下借助企业、社团等形式存在，只有在涉及利益竞争或者重要事情时候才显现出来；（2）利益团体分布不均衡，往往是那些强势群体有条件影响政策，而那些弱势群体则无法形成团体利益诉求行为；（3）地方性利益团体影响更明显、更直接。③

不被充分代表的社会力量如何进行利益表达是中国社会发展的重要命题。在中国的社会发展中，一些具有官方性质的社会组织正在面临着信任危机，而远离政治权力的社会组织又面临着代表性危机，社会力量在彼此消长的交换中实现利益代表的交融。

第三，社会力量的控制。中国正在处于国家与社会的双重转型期，这种转型为许多社会现象的滋生带来了道义上的支持。在中国社会治理中，

---

① 〔美〕尼尔·K.考默萨：《法律的限度——法治、权利的供给与需求》，申卫星、王琦译，商务印书馆 2007 年版，第 57 页。

② 〔美〕E.E.谢茨施耐得：《半主权的人民——一个现实主义者眼中的美国民主》，任军锋译，天津人民出版社 2000 年版，第 31 页。

③ 朱光磊：《中国阶层分化：一个从"身份到契约"的历史过程》，见童星主编：《公共管理高层论坛》第 6 辑，南京大学出版社 2007 年版，第 85 页。

既有政府行为的失范,也有社会运动的无序。因此,强调社会生长并不意味着政府的无所作为,政府仍然承担社会秩序的边界控制之责任。

但是从控制手段看,应当仍然强调政府以外政治组织的引导作用。我们认为,当代中国的社会结构正处于变迁之中,在基层社会与基层政府的控制与反控制的过程中,必须看到国家传统控制手段的不足。为避免社会转型过程中国家与社会无谓的对抗,政党作为民主的核心和国家与社会之间的桥梁便可以有所作为。具体而言,政党必须完成国家性向社会性的回归,政党引导着社会的利益表达,在整合社会的过程中也顺应社会的生长[①]。

强调政党整合替代政府控制,并不意味着社会自我控制手段的削弱;社会若要参与民主治理,必须首先完成民主的训练,只有经过民主训练的社会才能实现制度内的整体表达;而在社会不能自治的情况下,每个个体的利益表达都将直面政府进行,这样不对等的对话既使政府消耗了大量的精力,也使社会濒于分裂而无法完成自治的理性进程。而当社会失去理性时,作为公共利益的维护者,政府对于社会的边界控制必须强化,于是国家与社会的关系重新回归过密化治理。

本章小结

家国同构、宗法体制论证了中国政治制度稳定性的基础,也论证了中国国家对于社会的捆绑。在农业社会体系中,这种家国同构的制度安排有着一定的合理性。但是,即使是在中国历史传统中,家国体制也未必能够延续统治者的家天下政治理想,新的家族成长有可能形成对既有统治者家族的政治挑战;但是这种体制成功地湮没了社会个体及社会力量崛起的可能性,并通过日益细化的治理结构窒塞了国家以外的表达管道,从而形成

---

① 姚尚建:《政党控制与社会成长》,载《甘肃社会科学》,2009年第2期。

对家庭和社会的严密控制,从而"政治机构的权力可以随时无限地侵入与控制社会每个阶层和每个领域"。①

但是在中国的经济发展取得重要成绩时,中国的政治发展正在进入重要的发展阶段。政府管理社会的传统逻辑建立在技术基础之上,但是当社会风险治理中的技术手段遭遇价值追问时,技术乃至其后的制度背景都将面临困境。因此从技术层面,中国的过密式治理必须松弛,使社会能够拥有足够的生长空间,并在制度完善的基础上,重建国家、社会和政党、政府的关系。同时,在国家的底部,社会力量的形成为社会自主性发展提供了基础。这种自发性的力量生长本身也需要国家重新反思社会自治和政府治理的边界,社会能够实现自我约束,但是在这一过程中,社会也必然出现秩序失范,只是当这种社会无法实现自我规范的时候,政府仍然有义务维持社会秩序。但是由于国家社会的双重转换,社会力量的兴起仍然有可能突破政府的约束,并在一定程度上形成社会动荡,甚至诱发社会暴力。

---

① 邹谠:《二十世纪中国政治:从宏观历史和微观行动的角度看》,牛津大学出版社1994年版,第3页。

第三章　社会暴力的触发

在社会学家罗伯特·K.默顿看来，一段时期的心理学与社会学的困境在于其对人与社会关系的令人生疑的判断："首先是得到充分宣泄的人的生物冲动。其次是社会秩序，一种管理冲动，对紧张进行社会处理……的基本机制。"[①] 默顿认为，这种动物冲动与社会约束之间的对立如今已经随着社会科学的发展而缓解了。但是，这一判断并不十分正确，因为社会的冲动掩盖了人的动物冲动本质，在如今，国家控制与社会冲动正在以其他的形式表现出来，并给予国家治理以新的内容。

第一节　社会焦虑的内部形成

在中国国家与社会双重转型期，中国社会自主性的生长往往表现为社会狂欢，也表现为国家对社会生长的边界撤退。而当这种撤退成为一种常态时，社会狂欢必须以社会理性加以约束，并在更高层次上重构国家与社会的关系。在社会狂欢失去控制，并形成对社会秩序和公共道德的破坏之后，社会暴力则随之发生。郑永年认为主要存在三种社会暴力，即权和民之间的相互暴力，资本和民之间的互相暴力，资本和权力结合在一起对民

---

① 〔美〕罗伯特·K.默顿：《社会理论和社会结构》，唐少杰等译，译林出版社2006年版，第260页。

的暴力和民对资本和权力的暴力①。

一、社会焦虑的个体属性

医学上的焦虑症（anxiety）是一种以焦虑情绪为主的神经症，以广泛和持续性焦虑或反复发作的惊恐不安为主要特征。临床分为广泛性焦虑障碍与惊恐障碍两种主要形式②。社会焦虑是指由环境变迁与心理变化不适而引起的社会成员中普遍存在的一种紧张的心理状态。社会成员普遍感到压抑、紧张、烦恼、焦躁等，是社会焦虑的具体表现。社会焦虑的形成，一般是由于社会生活环境的变革、人性深层的悸动，与人们内心的变化之间相错位、相矛盾，从而感到不适应、不协调而造成的。具体来看，社会焦虑的产生是由诸多情形引起的③。在社会力量崛起的过程中，其发展同样伴随着社会广泛或者持续性的焦虑，但是这种焦虑从根源上看，首先具备个体的心理特征。

首先，社会焦虑的个性属性。德国心理学家霍妮把人的神经症分为情境性神经症和人格性神经症。前者仅仅是人对特定的困难情境暂时缺乏适应能力，还没有表现出病态人格，可以很快治愈；后者是由人格结构变态引起的，属于病态。神经症的病因在于人格结构，而人格结构是个人生活环境造成的④。

但是，我们认为个体在社会生活中，面临着个体生存到自身发展的逐步实现自我价值的梯度过程，当这些环节被隔断，或者更高的人生目标无法实现的时候，社会焦虑就会产生。因此，焦虑是个体价值实现的心理过程，也是一种普遍的社会心理活动。而所谓社会焦虑，是指社会成员当中普遍存在着一种紧张的心理状态⑤。

---

① 郑永年：《保卫社会》，浙江人民出版社2011年版，第151页。
② 黄秀兰编著：《全科医学基础》，中央民族大学出版社2006年版，第293页。
③ 王家忠：《人性·社会·心灵：社会潜意识研究》，山东人民出版社2006年版，第100页。
④ 叶奕乾编著：《现代人格心理学》，上海教育出版社2011年版，第79页。
⑤ 吴忠民：《走向公正的中国社会》，山东人民出版社2008年版，第271页。

其次，社会焦虑的过程。社会焦虑本身是由酝酿、形成到呈指数扩张这样三个阶段所组成的一个过程。始初，社会成员可能只是普遍存在着某些不安的心理倾向，如果引起这些不安心理倾向的因素没有被及时消除，反而有所增多、强化，那么便会引发起社会焦虑。① 个体性焦虑的形成原因是多样的，在国家社会双重转型与经济增长的鼓吹下，一些社会个体在住房、医疗和教育等方面都普遍感到无力。当这种日益增长的情绪无法被及时消除时，个体的不安全感有可能迅速扩大并得到加强。

第三，个体焦虑的社会伤害。个体焦虑并不仅仅对于自身形成内在的压力，在中国社会发育期，社会焦虑往往带来一种偏执性情感，具体体现在个体仇视各种"官二代"、"富二代"等，但是"一个理性的社会，应该有各种言论的博弈，否则，任何不据事实的偏袒都会造成阶层新的裂痕，使裂口越拉越大，终至断裂到无法修复。"②

有焦虑就需要发泄，无法发泄的个人焦虑充满自我伤害，弥漫的社会焦虑伤害了个体的情感判断，也无法催生理性的公民判断，从个体的心理轨迹看，怨恨过盛有可能形成非常冲动，而非常的冲动则可能催生非常行动。

二、社会焦虑的集体连接

"人既然来到了社会，他就不可避免地与周围的人和社会发生交往，并受其影响。一方面，任何一个社会都毫无例外地要求它的成员成为一名符合它的需要的公民，因而使用包括强制性手段在内的各种形式对其社会成员进行思维方式、情感方式、价值观念、社会期望、行为规范等的各种社会教化。"③ 蔓延的个体焦虑形成了社会思维定势，个体情绪开始成为群体情感，并外化为社会焦虑。

---

① 吴忠民：《走向公正的中国社会》，山东人民出版社2008年版，第272页。
② 喻国明主编：《中国社会舆情年度报告2011》，人民日报出版社2011年版，第301页。
③ 孙时进：《社会心理学导论》，复旦大学出版社2011年版，第42页。

首先，利益结构与情绪传染。人总是生活在一定的社会交互关系之中，相似的利益主张把不同的社会个体连接起来，并在共同主张中强化了这种联系。同时，中国的社会分层区别了中国的上层社会与底层社会，那些聚居于社会底层的社会个体表现出的社会焦虑往往直接与自身的生活密切相关，因此在这些群体之间，就很容易形成集体性的焦虑。需要看到的是，其实集体性焦虑并不明确存在，在不同的社会个体身上，可能同时存在不同的社会压力，而那些承担类似社会压力的个体在特定的情况下则形成了松散的利益表达联盟，这种联盟的存在既保障了利益表达的可能性结果，也可能放大利益剥夺的负面性效果。

在很多社会突发事件中，不难看出，一些意外的事件能够形成成千上万人的聚集与抗议。社会焦虑以各种真假难辨的信息途径加以传播，而"在集合行为中，人们不必为信息的正确性或准确性负责，每个人都可以根据自己的意愿对流言内容进行改造和变形。同时，人们也不必确认信息的来源，这就导致了一种奇特的回流现象：同一个流言经过若干人的传递之后，又重新传回它的发布者那里，而这时由于流言已经增添了许多新的内容，连发布人也很难辨认它的原貌，于是往往会把它作为新的信息加以接受。集合状态下的流言传播，往往伴随着这样一种恶性循环机制"。①

情绪的互相传染内在地连接了集体情绪。个体情绪经过社会群体的接受、酝酿和补充反馈之后，更加激起了共同的情感倾向性。社会转型期的公共卫生、公共教育、公共住房等政策使相当多的人群感受到了被剥夺感和被轻视感，而在这种普遍剥夺感之后，社会狂欢形成了集体性的意识。拆迁户、无工作者、就医难者、求学难者形成了不同的利益群体，这种利益群体通过现代媒介形成了连接，并形成利益集团的初步形态。

其次，集体模仿与集体群舞。集体焦虑伴生着信息甚至谣言的传播，"发泄型群体性事件所传播的信息中有许多的谣言，而谣言之所以能得到

---

① 郭庆光：《传播学教程》，中国人民大学出版社1999年版，第98—99页。

人们的信任,在于其唤起了存留人们心底的原型或集体记忆,而原型无疑也是凝聚着人类的情绪与情感的。"① 在 2010 年"万州事件"中就可以看到这种情绪的变化:"在这个狭窄的交通要道上每拖延一分钟,聚集的人群就会增加数倍。警民对峙几小时后,围观人群已累积至数千,周围几条交通要道也严重阻塞。滞留在外围的公众,已无从知道事件本身,仅仅是在传递一种情绪了。"②

从无意识到潜意识,从潜意识到显意识,社会焦虑逐渐摆脱了个体情感的束缚,并逐步外化为群体行动,而群体行动又反过来强化了这种情绪,任何反对这种情绪的行为则无法得到群体的容忍。而当这种焦虑感绑架了社会之后,社会焦虑对于社会结构的深刻影响则更加深远。

第三,社会焦虑与社会瓦解。法国社会心理学家勒庞的心智归一法则(the law of mental unity)指出,个体的人是理性的、有教养的、有文化的。但是"随着集群密度增大,其中的个体思维和行为方式逐渐趋于一致,变得越来越野蛮和非理性,其行为也越来越受到脑下垂体控制。这些人同时具有双重道德,既能做出英雄般的献身之举,同时也残暴无情。他们拜倒在英雄和权威的脚下同时在弱者的面前耀武扬威"。③

社会焦虑带来集体性的道德失控与人格分立,并进而分化了社会。其一,增大社会成员对社会的非认同感,降低社会的合作程度。社会焦虑的存在,很容易造成社会成员之间的紧张关系。社会成员之间的关系一旦趋于紧张,那么社会成员对于社会的认同感就会减弱,同时整个社会的合作程度无疑也会随之降低。其二,助长人们的短期行为。社会焦虑使人们缺乏一种应对社会的从容心态,缺乏从长计议的理性安排。既然缺乏理性意识,那么不切实际的高期望值便会迅速提高,急功近利的行为取向就必然

---

① 曾庆香:《群体性事件:信息传播与政府应对》,中国书籍出版社 2010 年版,第 103 页。
② 同上。
③ 赵鼎新:《西方社会运动与革命理论发展之述评——站在中国的角度思考》,载《社会学研究》,2005 年第 1 期。

会比较强烈①。而当这种期望值无法得到满足时,社会行动中则可能出现暴力。

由于缺乏契约精神,社会转型带来了秩序瓦解和道德重建。从表面上看,中国的社会发展是建立在个体性社会欲望的实现之上的,当这种个体性社会欲望无法得到实现时,个体性的社会冲动就会形成社会冲动。作为最极端的表现形式,社会冲动往往形成社会暴力。当然,个体性的社会欲望并不一定导致社会暴力的发生,社会暴力事件的爆发往往来自个体的情感焦虑及其背后强烈的利益主张。在国家与社会快速转型期间,社会个体被剥夺感增强,强权主义的思维定势使社会个体无法摆脱弱势思维;而在个体利益无法得到有效保障时,当个体利益遭遇损害时,个体性的焦虑就可能出现。在制度完善的条件下,这种焦虑的纾解往往通过申诉而得以解决;而在制度不完善的情况下,个体性焦虑的释放则往往通过个体行为加以排解。

第二节 社会暴力的发生环境

人的社会属性决定了人的行为必然受到社会环境的影响,"人创造环境,同样,环境也创造人。"② 在社会学看来,人类生活在特定的社会系统之中,社会中诸要素的变化有可能对人类的社会行为产生特定的影响。作为一种极端社会行为,社会暴力也同样受到诸多社会环境的影响。

一、暴力产生的政治环境

中国的制度变迁往往是从制度外部进行的,因此社会变迁必须通过暴力成为许多中国人的普遍认知。同时,由于建国初期的革命式治理结构,

---

① 吴忠民:《走向公正的中国社会》,山东人民出版社2008年版,第271页。
② 《马克思恩格斯选集》第1卷,人民出版社1995年版,第92页。

暴力又往往成为人们克服不公的行为选择。

首先,社会暴力的政治传统。社会暴力的产生往往与特定社会阶段的文化认知有关。"在人们的一般印象里,革命和社会运动经常发生在社会深度变革的时代。在这样的社会中,极端的不平等充斥每一个角落,冲突极化、对峙,社会危机导致社会衰败,它们构成了革命与运动的背景,因此,社会变迁经常成为人们解释革命和运动的重要原因。"① 无产阶级导师就热情歌颂社会革命中的暴力,恩格斯认为,杜林把暴力看做是绝对坏的东西的观点是错误的。政治暴力虽然一方面作为国家机器力量起着镇压人民的作用,但另一面,暴力却具有强大的革命作用。按照马克思的话说,暴力是每一个孕育着新社会的旧社会的助产婆,是社会运动摧毁一切僵化的政治形式并借以为自己开辟道路的工具。②

其次,社会暴力的过分吹捧。在中国的政治发展中,由于缺乏议会斗争等制度内的传统,暴力革命以制度化的方式内化为社会心理,甚至由于对于暴力文化的过分吹捧,政治发展被简单地等同于政治革命,政治革命又被简单地等同为政治暴力,这种暴力文化的崇拜即使在国家内部也不时浮现,并形成严重的社会后果。"文化大革命"中的社会暴力、近期爱国游行导致对本国公民的伤害都借助了所谓"革命"的名义得到蔓延。

第三,社会暴力的政治反应。社会暴力能否产生效果,是社会暴力是否可以持续的重要因素。在改革开放前,"文化大革命"等暴力行为在当时得到了政治肯定,即使在改革开放之后数十年里,我国对于"文化大革命"的反省仍不够彻底;在改革开放之后,由于公共治理机制的不完善,一些社会个体以暴力抗法的形式争取社会同情,而一些地方政府往往以维稳的角度对这些行为无所应对,更强化了社会暴力产生的政治环境。

二、暴力扩散的认知环境

"任何人都不是一个独立、完整的岛屿,每个人都是大陆的一抔土、

---

① 谢岳:《抗议政治学》,上海教育出版社2010年版,第1页。
② 吴晓明:《马克思主义社会思想史》,复旦大学出版社1996年版,第255页。

本土的一部分。如果大海冲走一块土，欧洲就更小了，就像海角，你的朋友或你自己的田庄缺了一块一样。每个人的死都削弱了我，因为我包括在人类之中。因此不必派人打听丧钟为谁而敲，它是为你敲的。"① 人们生活在社会系统之中，必然受到社会系统的作用。当这种社会暴力发生之时，其实就是人们与社会系统的信息和力量交换之时。

首先，社会意识的分离。在辩证唯物主义看来，社会存在决定社会意识，而社会心理、社会意识与社会意识形态则是有所差异、但可以转换的一组概念。在中国的历史传统中，统治者虽然主张单一的意识形态，但是也反对政教合一的体制，从而使中国社会缺乏分裂的精神力量。世界许多国家的发展经验表明，宗教的二元思维模式容易产生分歧，进而引发冲突甚至战争②。但是社会发展突破了单一传统社会的结构，多元意识形态与分离的社会结构给日益增加的社会暴力提供了解释性框架。

宗教有一个历史变化的过程，普列汉诺夫认为："在历史上，只有在肯定了社会的人与某些力量的联系时，即社会的人承认有灵存在并认为它对自己的命运可能有影响时，才能认为宗教产生了。"③ 在宗教产生以后，社会意识的分离则成为必然，并进而形成不同的社会组织，宗教社会学往往借用涂尔干的定义来解释宗教对于社会组织的基本功能："宗教是由各个既界限分明，又相对独立的部分所组成的整体。每一类性质相同的神圣事物，甚至每个同等重要的神圣事物，都构成一个组织核心，在每个核心周围都聚集着一组信仰、仪式或特定的膜拜。"④ 在改革开放以后，经济发展使人对生活的不确定性的担忧加强，一些社会群体开始逐步皈依宗教，并在宗教中寻求自身的心里慰藉。因此，正是这些个体的社会心理逐渐与社

---

① 〔美〕R. E. 安德森、I. 卡特：《社会环境中的人类行为》，王吉胜等译，国际文化出版公司1988年版，第1页。

② 马晓军：《甘南宗教演变与社会变迁》，甘肃人民出版社2007年版，第292页。

③ 《普列汉诺夫哲学著作选集》第3卷，生活·读书·新知三联书店1962年版，第61页。

④ 〔法〕爱弥儿·涂尔干：《宗教生活的基本形式》，渠东、汲喆译，上海人民出版社1999年版，第47页。

会意识产生了联系，进而逐渐成为特定社会组织与特定社会意识的结合。

分离的社会意识的背后是分离的社会组织，分离的社会组织反过来又强化了社会意识，并形成不同的行为判断。在这样的情况下，我国长期以来融合的精神力量开始出现多元化的内容，而在多元化的背后，隐藏着可能截然不同的社会认知。而当宗教成为其社会意识分歧的最后系统支撑时，社会冲突便产生了系统化的心理支持。

其次，社会抗议中的信任危机。在以往的研究中，建立在社会变迁上的崩溃理论确实有着一定的解释力，但是上个世纪70年代后，这一理论遭遇到了两大挑战：一方面，任何社会都充满紧张和冲突，但为什么有些社会发生了革命与运动，有些社会却没有？另一方面，紧张关系和集体抗议之间无法建立直接的因果联系，紧张不会自动转变为运动。很显然，社会变迁不能单独解释革命和运动的起源。不过，紧张理论或崩溃理论仍然有一定的合理性，因为在一个没有利益冲突的社会中，抗议不会发生[1]。

社会紧张是否必然导致集体性抗议，现有的理论框架没有提供必然的路径。而利益是不是也一定形成社会抗议，曼瑟尔·奥尔森并不支持这样的判断，因为"如果一个集团中的所有个人在实现集团目标后都能获利，由此也不能推出他们会采取行动以实现那一目标，即使他们都是有理性的和寻求自身利益的。"[2] 但是社会紧张的背后一定会出现信任危机，而信任危机则可能催生社会不满。在中国经济社会高速发展的时期，由于有关制度的不合理，社会个体游离于国家与自身之间，对于国家主义传统深厚的社会个体来说，个体既无法摆脱国家，也无法实现自立，这种对于自身与国家的双重不信任感加重了对于既得利益的占据。

现代媒体同时也加剧了这种社会不信任的形成，并化解了社会集团化的努力。"在网络社会，人们处在一个具有讽刺意味的囚徒式困境当中。

---

[1] 谢岳：《抗议政治学》，上海教育出版社2010年版，第1页。
[2] 〔美〕曼瑟尔·奥尔森：《集体行动的逻辑》，陈郁、郭宇峰、李崇新译，上海三联书店1995年版，导论第2页。

一方面，新型全球化社区通过传播技术正在或者已经形成，一个跨国性组织可以像18世纪的英国农庄一样没有任何秘密可言，人们的关系从来没有像今天这样紧密、频繁和多样化，一次美国大选可以牵动整个地球。而另一方面，整个社会可能变成一个'熟悉的陌生人'社区，技术可以超越空间，却不能够超越情感；技术可以促进沟通，但并不能保证建立信任。由于语言、文化、习俗等方面的明显差异，前所未有的社会混乱和文化破碎也同时产生，社会关系以一种无法让人完全理解的方式发生着急遽的变化。传统范式受到挑战并失去作用，而新的价值观尚未填补这种空白，整个世界处于'严重的道德困惑和无政府状态'。人们生活在一个紧密联系的陌生人的社会中，彼此合作却又互相猜忌。"①

因此，无论传统社会还是现代社会，中国的社会发育就是在对他者与自我不信任的前提下艰难产生的，当社会分歧加大时，人们在自身之外无法寻求帮助，社会暴力作为维护自身权益的工具则显得具有一定的合理性。

第三，认知解放中的暴力释放。麦克亚当（McAdm）在1982年提出了这一术语，用来指称在集体行动的潜在参与者中间出现的意识转变。他把认知解放描绘成通过三种方式达成的意识变化：（1）体制失去合法性；（2）那些通常持宿命论观点的人们开始提出变迁的要求；（3）这些人形成了一个新的关于政治效力的定义。麦克亚当把变动的政治状况看成是认知解放进程的一个决定性的推动力，因为它促使政体成员和反对派这两者间关系的象征内容发生了变化。当一个政治体制的成员们改变了他们对待某个特定反对派的态度时，造反者就认识到该政治体制在面临挑战时将日渐变得有懈可击。②

伴随着单边治理的政治体制，公民教育存在着严重不足，事实上，我

---

① 陈先红编著：《公共关系生态论》，华中理工大学出版社2006年版，第188页。
② 〔美〕艾尔东·莫里斯等主编：《社会运动理论的前沿领域》，刘能译，北京大学出版社2002年版，第92页。

国的思想政治教育并不等同于公民教育，这种以相对僵化的意识形态来教化国民的形式并不利于积极公民意识的培育，传统中一些片面化的说教并没有取得良好的效果，反而在全球化的时代激发了一定程度上的结构性不满。这些不满在相当大的程度上源自传统治理体制的合法性危机。因此在知识革命的时代，即使是在比较稳定的社会环境中，社会变迁仍然提供了社会暴力滋生的历史条件。

三、暴力深化的空间环境

与农业社会的分散与平面化相比，工业化与城市化使现代社会实现了高度立体化结构，但是，中国国家与社会双重转型期的结构性差异也在城市中扎下根来，并为城市社会暴力的发生提供了空间支持。

首先，城市的蔓延。现代化的进程往往标志着城市化和工业化，但是在社会发展中，城市已经越来越成为社会暴力的发源地。"经济世界总有一个中心或极点，这在过去是城邦，在今天则是都市。"[①] 借助资本的力量，特大城市的空间蔓延无法得到有效的遏制，城市的权力也在快速扩张。越来越多的巨型城市出现了，值得注意的是，世界上大多数巨型城市并非由一个独体的城市形成，而是众多城市的联盟。联盟的力量是巨大的，在西方国家，尤其是美国，城市建立在高度自治之上，越来越多的城市突破县甚至州的边界，而实现与相邻城市的联合甚至合并。

在这一联合或者合并过程中，农村地区乃至小型城镇的人口则相应减少。传统的农村政府面临着合法性困境。在1982年的美国人口分布中，县均人口只有6.7万人，且分布极不均衡。得克萨斯州的拉文县只有92个居民，而加利福尼亚州的洛杉矶县的居民高达700万以上。除了县以外，美国有接近55％乡镇的居民达不到一千人，一半以上自治市所服务的人口在

---

① 〔法〕布罗代尔：《资本主义论丛》，顾良等译，中央编译出版社1997年版，第101页。

千人以下，而自治市地方政府除了提供县和乡镇政府提供的公共服务以外，一般来说还要创造和提供城市类型的服务①，这种现象，我们可以看做是城市政府对于农村政府的"权力替代"。

其次，城市权力的扩张。城市的权力不仅仅体现在城市蔓延中的治理权力替代，城市蔓延同时伴随着政治权力的内卷化。在马克思主义看来，西方的城市规划中，资本借助政府的力量完成了对农村的合围，并使农村权力呈现碎片化，这种碎片化以"城中村"或"贫民窟"的极端形式得到展现，而瓦解了的村庄自治的权力则消弭在更大的所谓城市"自治"的阴影之后。

蔓延的城市催生了高度扩张的权力或内卷化的权力，这种权力变迁同时改变了公共生活。在现代城市蔓延中，勒菲弗严厉批评了专家式的城市规划，因为这种规划不仅破坏了传统的城镇，也借助资本的力量形成了对于日常生活的破坏，"建筑学的空间或者城市规划学的空间，作为空间，具有这样一个双重特征：在统一性的伪装下，是断裂的、碎片化的，是受到限制的空间，也是处于隔离状态的空间。"②

上个世纪 70 年代末期以来，中国的郊区发展迅速被城市发展所涵盖，但是郊区的消失并不是完全出于自愿。郊区为城市提供菜篮子的使命逐步终结，城市的迅速扩张从空间上吞噬了郊区，尤其自上个世纪 80 年代以来的市管县体制实施以来，在城市化和工业化的鼓吹下，农村的发展必须依附于城市的发展而发展，GDP 追逐赋予了这种依附式发展以合法性，从而把城市的郊区扩大到了所辖的所有农业县区。

值得注意的是，这样依附式的郊区发展模式还使农村地区必须接受城市化发展带来的污染等外部性，大量的污染性企业从城市搬迁到郊区甚至农村地区，对传统的基于种植业和捕捞业的生活方式带来巨大压力。近年

---

① 〔美〕文森特·奥斯特罗姆等：《美国地方政府》，井敏、陈幽泓译，北京大学出版社 2004 年版，第 4—6 页。

② 〔法〕亨利·勒菲弗：《空间与政治》，李春译，上海人民出版社 2008 年版，第 37 页。

来，由于一些污染企业给农村生活带来很大的破坏，越来越多的农民参与到反对污染企业进村的抵制行动中来，这种抵制从表面上看针对特定企业的生产，从本质上是对城市政府牺牲农村发展的治理抵制。这种抵制尤其体现在城中村的诸如拆迁等公共政策的艰难实施上。当城市蔓延包围了农村，城中村于是由农村治理转变为一个城市的治理问题。城市政府对于城中村的拆迁等公共政策既有农村被城市吞噬后的治理被动性，也包含着城市政府自身利益最大化的强势思维。因此城市化进程中的城中村的形成及其遭遇到的拆迁抵制表明，在传统的治理中，城市、乡村二元权力是形成城市蔓延中治理困境的核心要素。

第三，城市空间的隔绝。在城市完成对于农村的合围时，大量的农民也涌入了城市，但是东西方的差距显示了巨大的不平等，一份对于城市农民工子女的调查发现，农民工及其子女构成了缺乏"地方性公民身份"（围绕城市户籍而形成的一整套的政治、经济和社会权利）的城市下层移民。然而，至少到目前为止，他们依然是流动人口，尽管他们的家庭已经在此定居十余年[①]。

因此即使同在城市之中，政治权力或者是资本的力量正在分割着人类共同体，并最终剥夺他们"进入都市的权利"。勒菲弗指出："将群体、阶级、个体从'都市'中排出，就是把它们从文明中排出，甚至是从社会中排出。拒绝让一个非歧视性的、隔离性的阻止将它们从都市的存在中排出，进入都市的权利为这种拒绝提供了合法性。这种市民的权利（如果人们愿意，也可以这样说'人'的权利），宣告了以隔离为基础而建立起来的与正在建立的那些中心所不可避免的危机：这些决策的中心、财富的中心、权力的中心、信息的中心、知识的中心，将那些不能分享政治特权的人们赶到了郊区。"[②]

---

① 熊易寒：《城市化的孩子：农民工子女的身份生产与政治社会化》，上海人民出版社2010年版，第70页。

② 〔法〕亨利·勒菲弗：《空间与政治》，李春译，上海人民出版社2008年版，导言第17页。

为了超越传统辩证法的二元对立，勒菲弗将空间分为三类：物理空间、精神空间和社会空间。"（社会的）空间是（社会的）产物"①，社会实践在重建社会空间过程中发挥着积极的作用。现代社会中的人的实践一定和权利的主张相关，在城市化的形成史中，正是自由的公民才构成了城市的主体，也构成了自由的城市秩序。因此，进入都市的权利本身就是重新对人的自由的呼唤，是对人作为城市主体而非奴役对象的呼唤。而当这种权利无法得到响应时，社会暴力的蔓延就首先在城市中得到集中爆发。

四、暴力延续的经济环境

马克思主义政治学承认经济对于政治活动的基础性作用，认为公平合理的收入差距是有一定范围的。经济学家也承认，当收入差距过分悬殊时，社会上将出现一个广大的低收入阶层。当低收入阶层无法维护劳动力简单再生产时，他们就要起来反抗社会，造成社会经济秩序混乱和经济效益损失。低收入阶层因为其个人福利远远没有充分实现，高收入阶层因为其个人收入相对过剩，个人福利函数出现递减效应，这也不利于规范经济学所论述的社会福利最大化目标。②

首先，与其他诸要素相比，经济要素在社会暴力的形成方面有着直接的推动意义。1979 年以来，中国的经济发展既积累了财富，也形成了贫富差距。1998 年城市居民最高收入户家庭人均收入是困难户家庭人均收入的 4.95 倍，2003 年上升到 10.31 倍。2005 年，城镇居民家庭中收入最高 10% 家庭的人均可支配收入是最低 10% 家庭收入的 9.2 倍，比 1995 年的 4.6 倍翻了一番。而王小鲁的研究更得出了城镇 10% 的最高收入与 10% 最低家庭之间人均收入的差距为 31 倍的结论。③

---

① Henri Lefèbvre, *The production of space*, trans. Nicholson-Smith, Danold, Oxford: Blackwell, 1991, p. 26.
② 冯文荣：《中国个人收入分配论纲》，北京师范大学出版社 1996 年版，第 43 页。
③ 徐恒秋：《社会的转型与对策：欧洲经验与中国社会转型的挑战》，安徽科学技术出版社 2007 年版，第 118 页。

与其他要素相比，经济差距使一些社会群体陷入社会底层，由于任何社会都蕴藏着程度不一的社会风险，不同社会成员承载着各不相同的风险压力。一般情况下，正如"木桶效应"中水的外溢取决于木桶的最短那块板一样，社会风险的爆发也将率先发生在承受力差的人群身上。历史的经验表明，社会不稳定乃至社会动乱并不是受全体社会成员整体的影响，在很多情况下，只要一个社会阶层或者一个社会群体对社会不满就很容易对社会稳定产生决定性的影响①。

同时，自新中国成立以来，中国的社会发展是建立在农村的资源吸纳之上的。1979年以后，中国农村启动的社会改革推动了新一轮的国家转型和社会转型，但是不容忽视的是，国家高速转型加重了资源分配不公；而其中国家对于社会资源的吸纳更容易激起社会的不满。而在国家与社会的边缘地带，汲取型的中国的基层治理更容易遭遇底层社会的反抗。在中国每年数万起的社会群体性事件中，多数事件直接发生在基层政府与社会之间，并直接指向基层政府治理的正当性。而当一户居民遭遇不公平对待时，出于弱势群体互相支持的道德因素和外部诱因，相关的社会成员就会加以支持，并对地方政府形成巨大的压力。

因此，经济差距既体现为城乡差距，也同时体现为东西部差距。在这样的历史条件下，社会贫富差距拉大、物价飞涨、工资水平低下、大量的失业人群出现都将成为社会暴力产生的外部环境，也成为了社会暴力产生的助推者。

其次，经济差距背后的权力差距。经济差距并不必然催生社会暴力，但是经济鸿沟却容易形成一定的社会阶级差别，如果这种社会阶级差别无法通过经济基础改变而消除的话，那么中国政治发展史中的暴力因素就容易被激发起来。原因很简单，"本来社会发展的成果应当由全体社会成员共享，社会发展的代价应当由全体社会成员共担。而就我国目前的社会现

---

① 陈鹏忠：《转型中国农村弱势群体犯罪问题透析》，浙江大学出版社2010年版，第156—157页。

实来看，社会发展的成果远未实现共享，主要表现为社会普通民众尤其是农村低收入人群和贫困群体难以分享社会发展的成果，而社会发展的代价却要由他们来承担（支付），社会代价的支付主体呈现明显的错位（失衡）性。"① 因此，在一些群体事件中，一些商店、富人区被抢劫并不能简单地看做是特定人群的犯罪行为，搭便车的行为可能是这种社会暴力事件背后的心理基础，而这种心理基础之后仍然可能从经济差距乃至心理落差中寻求答案。

但是，在经济学看来，经济差距背后是权力的差距。因为在分配体制上，权力阶层通过寻租等方式在整个社会收入中处于较高的等级上。从社会的阶层结构上说，拥有权力的人或者通过各种方式参与权力支配的人，在经济发展过程中能获得较多的收益，拥有较高经济地位的人也想方设法购买权力使自己的经济基础稳固或能获得更大的收益②。同样的逻辑，当那些处于社会收入底端的人，其无法参与权力购买的时候，也就失去自身获益的可能性，于是社会不满就在这样的权力差距中得到发酵。"在任何地方和任何时候，都是经济条件和经济上的权力手段帮助'暴力'取得胜利，没有它们，暴力就不成其为暴力。"③

第三，贫困还意味着个体价值的衰落。在阿马蒂亚·森看来，"贫困不仅是相对地比别人穷，而且还基于得不到某些基本物质福利的机会，即不拥有某些最低限度的能力……贫困最终并不是收入问题，而是一个无法获得某些最低限度需求的能力问题。"④ 因此，贫困其实并不仅仅是一个经济学的问题，而是一个社会学与政治学的问题。同时由于道德体系的匮乏，改革开放以来的中国社会还面临价值重构的任务，经济收入—取代政治立场成为衡量个人价值的重要标准，即从"向左看"过渡到"向钱看"。

---

① 陈鹏忠：《转型中国农村弱势群体犯罪问题透析》，浙江大学出版社2010年版，第135页。
② 金成晓：《权力的经济性质》，吉林人民出版社2008年版，第142页。
③ 《马克思恩格斯选集》第3卷，人民出版社1995年版，第515页。
④ 〔印度〕阿马蒂亚·森：《衡量贫困的社会学》，见董建萍：《公正视域中的中国特色社会主义：当代中国社会公正若干问题研究》，学林出版社2010年版，第379页。

因此当社会中一些人感觉到生存能力被削弱时，必将怀疑自己的生命价值。于是在贫困的贯穿下，权利、能力与价值被连接了起来。社会个体在遭遇贫困之后，从应得的权利出发，进而实现自身的价值；当社会出现结构性不公时，对于应得权利的争取则可能迸发出巨大的道德力量，而在这种道德正义感之后的个人利益的合理性则被掩饰起来了。

被掩盖的还不仅仅是个人利益的合理性，还有对财富的渴望与追逐，"从人性的一般特点看，产生仇富的深层原因是个人对财富所具有的强烈占有欲。仇富是仇富人，爱富是爱财富，不是爱富人。仇富的本质是爱富。这里仇是手段，爱是目的。"[①] 在中国朴素的思想中，财富是无法增加的，别人获得财富就意味着自身财富的减少，而不公就在于财富分配上的不平均，因此对于财富的追逐则意味着日益激烈的竞争，暴力作为非常手段在仇恨中埋下了种子。

第三节 社会暴力的边缘触发

内部逻辑与外部环境的综合作用强化了中国的社会焦虑，并形成无法预见的暴力行为，这种暴力的蔓延随着传播媒介的发达往往被表述为平面的抗争型社会网络，但是从中国的权力金字塔看，这些社会暴力往往发生在国家与社会的边缘地带。在国家挤压与社会生长的常态摩擦中，社会暴力作为一种标志性的异质性力量迸发出来。

一、国家社会冲突的边缘地带

在晚清，中国的国家权力的底端为县。进入20世纪尤其是中叶以后，中国的县以下政权开始逐步建立起来，从而延伸了国家的政治权力。乡镇政府与市区政府一样，共同成为中国治理的基层政府，这些基层政府也成

---

① 宋圭武：《三农中国的经济学阐释》，甘肃人民出版社2009年版，第52页。

为国家向社会延伸的政治触须。

首先,边缘地带的力量消长——村庄的政治变迁。在国家社会二分法看来,国家力量与社会力量总处于此消彼长的过程中。由于中国家国同构的历史传统,只是到了上个世纪的后期,中国的市民社会才借助于市场经济的发展实现了领域的初步分离。但是由于国家力量的强势存在,中国市民社会的生长从一开始起就注定面临国家力量的边界约束。

从县政乡治到乡政村治的过渡,中国的政治发展的自治空间被大大挤压,县以下自治被压缩至村庄,国家与社会边界的连接处于是成为中国社会稳定的节点。由于分散的"马铃薯"式的生活,中国的村庄治理无法抗衡高度集权的国家政治体。在诸如选票等制度的设计中,中国农村的政治发展往往被忽视,村庄治理高度依附于城市治理之上,并成为城市治理外部性的承担者。

但是,即使是在这种被严重挤压的政治社会空间中,也保留着政治反弹的可能性。上个世纪80年代以来的农民大流动、世纪末的高等教育大众化等政策的推行使中国农民开始通过自身的努力接触到了城市政治。维权意识的增强、资本和技术的积累开始使中国的城市乡村连接起来。而城市的扩张也从地理上对农村形成土地、人口等资源性要求,从而使中国农村的自主意识、宪政意识得到增强。2010年《选举法》修改,农民长期不被充分代表的政治诟病得到逐步消除,中国村庄的政治地位开始得到平等的审视。

法制的进步、权利意识的苏醒使中国村庄治理出现很大变化,但是由于政治管道的狭窄,农民对于被管制的命运日益不满。而中国基层政府治理的僵化体制使其既要承担这种不满带来的政治压力,也要承担上层政府对其工作的考核压力,村庄治理的意识觉醒与传统基层治理之间的张力开始浮现。

其次,城市蔓延中的农民与市政。邓小平曾经指出:"中国人口的百分之八十在农村,如果不解决这百分之八十的人的生活问题,社会就不会是安定的。"① 在上世纪 80 年代以后，农民的比例逐步下降，但是社会安定仍然以另外一种形式吸引着人们的关注。

在上个世纪 80 年代的地市合并以后，中国的地方治理总体上是蕴涵着农村治理的城乡合治型治理。由于中国城市化进程的加快，中国的城市治理开始把大量的郊区甚至农村地区吸引到城市中来，从而丰富了城市治理的内涵。但是以城市政府治理农村本身就在逻辑上强化了农村对于城市的附庸感，城市由于有了更加广袤的土地与人口而肆意蔓延，扩张的城市很快就改变了宁静的村庄生活，也改变了农业社会下的相对稳定的村庄社会生态。

事实上，农民进入城市还不仅仅包括地理意义上的城市蔓延，也包括了农民进城带来的政策冲击。需要指出的是，中国农民工本身并非是一种过渡性身份，而是中国城市政治主导下的对于进城农民的贬称。但是在中国农民进城后，中国的城市治理的矛盾与农村治理的矛盾开始连接起来，从而使中国的社会发生了结构性的变革。

农民进城也把普遍存在的劳资矛盾、城乡矛盾带入了城市，那些本来由包工头与乡亲之间形成的熟人关系被打破了，法律和制度成为矛盾解决的重要手段。但是我国城市管理体系是根据行政级别、户籍人口而非实有人口进行，因此当人口流动的规模超越了城市政府的管理幅度之后，中国的城市政府开始显得不堪重负。在沿海的多数城市，外来人口达到了本地人口的 50％以上，而在一些特定街区，这种本地人与外地人的比例早已倒挂，但是行政编制的约束无法使这些地方政府有效完成公共服务，而无效的市政管理有可能激化前文所说的诸多矛盾。

第三，空间重组中的资源约束与城市贫困。与国外城市化途径不同的是，中国的城市化不仅仅通过城市蔓延而完成，在国际化、现代化等政治符号的召唤下，中国的城市功能定位出现了一定的盲目性。中心城区的居住区开始逐步让位于商业区的建设。在城市发展遭遇地理边界约束时，城

---

① 《邓小平文选》第 3 卷，人民出版社 1993 年版，第 117 页。

市人口的暴增给城市管理带来越来越多的困难，越来越发达的城市与中心城区严重恶化的居住条件、卫生情况形成强烈反差。

由于城市发展的土地约束与地方政府对于土地收入的追捧，中心城区的一些居民无力通过购买新的住房改善自身环境，而已经购买住房的人也必须为早日还清房贷而透支健康和精力。城市作为人类生活的异化物正在改变居住这一空间市民的生活面貌。同样由于中国城市功能的急剧转型，中国城市贫困问题日益严重。自上世纪90年代开始，市场经济体制下的企业倒闭加剧，一些传统企业的工人大量失业，这些工人由于失去了工作也失去了改善家庭整体生活的资金，在本世纪初期开始的房价上涨使这些人被迅速抛弃到城市生活的贫困线边缘，从而沦为城市发展外部性的直接承担者。而自上个世纪末启动的旧城改造以大规模的道路建设和房屋拆迁作为根本标志的城市化进程中，一些生活在底层的城市居民失去了原先的住所，一些居民搬迁到了郊区。

市民的外迁意味着郊区公共服务要求的强化。在一些郊区的大型居住区内，这些原本长期居住中心城区的居民对郊区公共服务的不满十分强烈。他们抱怨公共交通、公共卫生、公共教育甚至物业服务的缺位，显然他们会掩饰原来居住区的逼仄，他们要求能够享受到中心城区的公共服务，这种诉求尤其是在特定人群中特别明显，年轻人要求公共交通与公共教育的改善，而年老者希望得到更为便捷的公共卫生服务。当这些要求不能得到满足时，这些外迁市民与政府的矛盾就随之恶化。

"在当今的中国城市中，社会的两极分化伴随着公共安全的隐忧和纸醉金迷的奢侈，这是形成社会暴力的两端，并演绎为通过媒体景观所揭示的社会的阵痛和焦虑。"[1] 对于失去城市的市民来说，首先面临的是巨大的心理落差。在我们对上海市一处大型居住区的调研中，外迁的城市市民有相当比例是当年响应国家号召上山下乡的知识青年、建国初期的产业工人，甚至还有建国前参加工作的老同志。这些经历过痛苦青春的市民在外

---

[1] 赵汀阳：《年度学术2006：农村与城市》，中国人民大学出版社2006年版，第330页。

迁过程中往往饱含着强烈的不满与无奈。

二、整合的社会与治理的碎片

城市乡村的空间约束与社会力量的觉醒形成了一定的张力，这种张力的诱因却往往体现为资源分配中的不公。事实上，当这种资源分配的不公催生了社会不满，当这种不满以社会暴力的形态吸引人们关注时，那些有着相似遭际的人群便有可能促进这种分散社会暴力的整合。

首先，分散的社会暴力与整合。资源的冲突形成了社会空间的彼此封闭，催生了社会排斥。在城市治理中，"资源方面的冲突体现在围绕大都市区分化、财政不平衡及财政重商主义的问题上，它们既是造成管辖区之间公共服务业显著差异的原因，同时也是其结果。"① 在寻求公共服务公正性不能满足之后，城市居民有着居住集中的优势就更容易形成暴力聚集，并有可能对城市管理形成极大的冲击。

同样在农村地区，失去土地也使一些矛盾迅速激化。"没有一个社会集团比拥有土地的农民更保守，也没有一个社会集团比几乎无地可耕或须缴高昂地租的农民更革命。在某种程度上讲，现代化中国家政府的稳定取决于它进行农村改革的能力。"② 在单纯追逐 GDP 过程中，一些地方政府已经被资本俘获，越来越多失去土地的农民与失去工作、住房的市民在共同寻求正义的过程中被掠夺感得到强化，这种被掠夺感直接指向政府治理的合法性，从而催生了严重的政治不信任感。

在历史上，由于高度集权的政治控制，分散的社会暴力对于政权的整体压力长期以来并没有引起足够的重视。由于缺乏政治代言人，中国社会暴力也多被视为特定区域、特定村庄治理的问题，而当这种高度分散的社会暴力通过新媒体的广泛传播并被广泛知晓时，暴力的发动者、暴力的利

---

① 〔美〕保罗·诺克斯、史蒂文·平奇：《城市社会地理学导论》，柴彦威、张景秋等译，商务印书馆 2005 年版，第 133 页。

② 〔美〕塞缪尔·亨廷顿：《变革社会中的政治秩序》，李盛平等译，华夏出版社 1988 年版，第 365 页。

益相关者、暴力的同情者就可能被重新整合起来，形成涉及范围广泛的社会群体，从而使特定的地方政府面临前所未有的政治和社会双重压力。

其次，暴力事件的恶性思维。在社会转型期，越来越多的社会个体被抛出社会之外，成为社会发展的利益损害者。这种被损害的公民和群体出于对社会的不信任而可能实现团结。"以强凌弱、社会暴力和寡头垄断，都是信任结构缺失之后形成的社会秩序的不可避免的组成部分。"[1] 当这种社会不信任被认为是一种社会结构性排斥时，改变社会结构则成为社会弱者联盟的政治诉求。

在制度不足的情况下，社会利益的个体表达往往难以取得实际效果，在一些人看来，个体信访之无效正在于公民个体力量无法与有组织的政府力量进行对抗。在政治信任丧失之后，任何难以满足公民个体利益主张的政府回应都可能被视为强势政府的暴力压制。而从政府的视角，任何挑战政府管理的行为都可能被视为一种暴力反抗的个体行动，这种行动都可以政府强制力加以约束。

当恶性思维支配政府与社会沟通渠道时，就一定会严重阻隔正常的制度建设，于是在公民利益表达过程中，暴力行为频繁发生。这种暴力思维定势在城管执法的困局中尤其得到体现。2010年8月30日，山东菜贩侯钦志因被江苏南通城管刘小兵暂扣电子秤索要未果，遂拔出随身携带的水果刀将刘小兵刺死。南通市中级法院2011年6月3日一审判决侯钦志死缓，并赔偿50余万元，同时，法院还作出对其限制减刑的判决[2]。但是值得关注的是，在6月4日上午的网易评论中，1000多条的评论多倒向了施害者，而受害者的死亡及其家庭的不幸无人关注。

第三，政府的碎片与社会的整体。当暴力思维成为社会普遍性思维方式时，社会力量的爆发就会变得无法预测。这种失控的社会力量在制度化

---

[1] 孙立平：《转型与断裂：改革以来中国社会结构的变迁》，清华大学出版社2004年版，第124页。

[2] 顾建兵：《江苏南通一菜贩刺死城管 被判死缓限制减刑》，载《扬子晚报》，2011年6月4日。

不足的情况下更加难以把握。在中国的群体性事件中,利益集团、社会排斥、社会组织等理论都不能够充分回答这些特定的问题,中国的政府治理就是在这些无法用理论回答的复杂社会中进行秩序的维持;而中国的社会就在这种复杂的利益格局中突围生长。

在巨大的社会压力下,地方政府的治理变得非常困难。在中央政府以社会稳定作为重要的考核指标时,地方政府的治理在强大的社会压力下碎片化了。所有那些容易激发当地社会矛盾的公共拆迁、公共卫生、公共教育乃至公共住房等方面的政策都可能成为某一个政府与所有社会暴力关系的开端。而在独自面对群体性的社会暴力时,任一地方政府都显得无助,在维稳的目标之下,一些违法行为甚至可能被政府姑息。在湖北省浠水县,村民们将一投资百余万元的抗旱灌渠部分拆毁,理由是没有发挥应有的抗旱作用,而对于这样的行为,政府的应对措施不过是重新修补被损害的沟渠。

当社会刑事案件被广泛同情时,更多的犯罪行为以社会抗争的名义被激励起来,政府依托的法律基础也被摧毁了。地方政府的治理夹在中央政府与地方民众之间,并越来越呈现非制度化的倾向。在具体调研中,一些上访人员成为政治精英,甚至一些人在特定时期进行上访以获得地方政府的"免费旅游"等所谓"维稳"手段,在制度化不足的情况下,政府失去基层治理的能力,同样群众也失去制约政府的道德勇气和公共力量,地方治理碎片化的趋势日益严峻。

三、边缘暴力的社会表达管道破坏及后果

国家与社会的分离增加了社会生长的难度。在自由优先的国家,边缘暴力可能形成国家的退缩;但是在秩序优先的国家,如中国,边缘暴力可能扼杀国家与社会沟通的渠道。而当管道破坏之后,国家与社会之间可能面临更大的结构性对抗。

首先,我国制度内社会表达管道的脆弱性。从制度设计的角度,我国公民都有正常反映民意的渠道,但是由于事实上的结社、罢工等权利的保

障不足，我国公民的利益诉求必须在现有制度框架内完成。在现有的利益表达机制中，信访是重要的制度化途径，根据信访条例的规定，所谓信访，是指公民、法人或者其他组织采用书信、电子邮件、传真、电话、走访等形式，向各级人民政府、县级以上人民政府工作部门反映情况，提出建议、意见或者投诉请求，依法由有关行政机关处理的活动。

我国《宪法》第四十一条规定，中华人民共和国公民对于任何国家机关和国家工作人员，有提出批评和建议的权利；对于任何国家机关和国家工作人员的违法失职行为，有向有关国家机关提出申诉、控告或者检举的权利，但是不得捏造或者歪曲事实进行诬告陷害。这些规定，我们可以看做是信访的宪法依据。但是在执行过程中，允许逐级上访，直至上访到中央政府，但反对越级上访。逐级上访事实上压缩了公民利益表达、监督政府的管道。

即使是被压缩了的管道，也存在诸多不畅。对于上访者来说，越级上访正是解决其困难的主要渠道，从上访内容看，涉及权利保障的方方面面，甚至其中也包括一些二审终结的案件，这些严重干扰了国家的权力结构分配，也干扰了正常的利益主张管道建设。而事实上，许多信访反映的问题完全可以通过行政救济或司法救济加以解决，但是狭窄的信访管道在实践中却显示了巨大的力量，在一定程度上已经超越了行政救济与司法救济的范畴，一些访民甚至要求政府协助解决找不到老婆的问题，甚至反复上访，严重干扰了正常的信访渠道优化的努力，并将最终淤塞这条非常的利益诉求途径。

其次，网络暴力对于网络民意的绑架。在社会利益表达中，互联网成为重要的环节。2012年7月19日，中国互联网络信息中心（CNNIC）在京发布《第30次中国互联网络发展状况统计报告》，《报告》显示，截至2012年6月底，中国网民数量达到5.38亿，增长速度更加趋于平稳；其中最引人注目的是，手机网民规模达到3.88亿，手机首次超越台式电脑成为第一大上网终端。① 网络的发达使公共意见的表达更加便捷，在国家与社会的沟通中，公民通过电子邮件、BBS、新闻评论等手段即时表发个人利益诉求，但是，就是这样宝贵的通道，并没有得到足够的珍惜与爱护，在一些个体看来，其匿名性与隐蔽性恰恰成为实施网络暴力的载体。

"网络暴力是指网民在网络上的暴力行为，是社会暴力在网络上的延伸。其表现形式有：网民对未经证实或已经证实的网络事件，在网上发表具有攻击性、煽动性和侮辱性的失实言论，造成当事人名誉损害；在网上公开当事人现实生活中的个人隐私，侵犯其隐私权；对当事人及其亲友的正常生活进行行动和言论侵扰，致使其人身权利受损等。"② 在政府与公民的不对等地位中，网络的匿名性与隐蔽性本来成为公民社会借助网络而成长的必要环节，但是由于网络暴力的蔓延，民意被绑架了，人们对于网络中的利益表达开始产生畏惧，在制度化表达不足的情况下，网络这一载体也可能面临暴力之后的制度淤塞。

第三，重建管道的制度成本与社会成本。以正义的名义，网络暴力绑架了公民，必然引起制度性的压迫，于是当传统的、现代的管道都面临淤塞时，脆弱的社会已经失去了与国家对话的机会，彼此的不信任感便得到强化。

重建管道的过程其实是重建信任的过程，这种信任既要建立在对于现有管道的信任上，也要建立在对于网络等新媒体的信任上。制度内的管道修复依赖制度自身的修复。从信访管道看，现有的管道建立在人大、政府与司法机关，但是由于不当的信访考核机制，地方政府与中央政府就信访展开了博弈，这种博弈最终将可能摧毁信访这一立意本善的制度，并使信访背后的权力乱象难以得到遏制；就网络而言，网络的表达与封锁也同时处于长期的争论中，网络是否可以屏蔽、是否能够屏蔽已经不仅仅局限于

---

① 中国互联网络信息中心：http://www.cnnic.net.cn/hlwfzyj/hlwxzbg/hlwtjbg/201207/t20120723_32497.htm，（访问时间：2012—9—20）。

② 石磊：《新媒体概论》，中国传媒大学出版社2009年版，第264页。

技术层面的诘问，我们关注的是，优化网络表达与限制网络表达的背后，是否存在更大的成本与回报？

在卡斯特尔看来，有三种社会认同，它们分别是：（1）合法化认同（legitimizing identity）。由社会的支配机构提出，社会参与者不断扩展和理性化它们的统治。合法化认同产生市民社会和制度，再生产出马克斯·韦伯的理性权力；（2）反抗认同（resistance identity）。由被排斥在统治逻辑之外的社会行动者提出。反抗认同导致了公社和社区的形成，以此来对付其他无法忍受的压迫条件；（3）规划认同（project identity）。目标在于把社会转变为整体的主动运动，不是仅仅反对统治行动者，而是建立他们自己的生存条件。女权主义和环保论就属于这个类别①。在当代中国，公民社会的成长脆弱性无法承受社会暴力的边缘破坏，当反抗认同、规划认同取代了合法化认同的时候，边缘的社会暴力将彻底颠覆重建国家与社会的现有努力。

第四节　社会暴力的基本类型

中国的现代化进程中伴随着社会支持，也同时伴随着社会暴力的滋生。在现有的分类中，社会暴力往往与规模、后果联系起来，并进而进行特别重大、重大和一般的定性。这样的分类方法立足现状，但是无法解决社会暴力背后的结构性问题。有的学者在对群体事件进行分析的时候，主张将现有的事件分为两种，即利益诉求型群体性事件与泄愤型群体性事件②。这样的分类方法给我们以极大的启发，在这样的分类基础上，我们认为社会暴力可以进一步地划分。

---

① 吴治平：《空间理论与文学的再现》，甘肃人民出版社2008年版，第193页。
② 何显明：《群体性事件的发生机理及其应急处置》，学林出版社2010年版，第4页。

一、从个体暴力到社会暴力

在我们分析暴力时,却经常发现这仍然是一个比较复杂的概念。在国内外的研究中,暴力的概念或与犯罪相连,或与革命相关,而不同的理解直接导致对于暴力行为的不同评价与行动。在犯罪学家谢利看来,有七种美国的犯罪学说占据了重要的学术地位:社会反常状态论、机会论、差别交往论、文化冲突论、社会解体论、相对剥夺论和违法者低文化论。[①] 借助于这样的理论分析,我们认为暴力可从自然属性与社会属性入手加以分析。

首先,暴力的自然属性。一般来说,所谓暴力是那些违反了法律规范和道德规范的力量。心理学家将暴力行为分为三类:攻击(Aggression)、暴力(Violence)、暴力犯罪(Violent Crime)。[②] 那么为什么暴力会发生?在进一步的分析中,往往有着自然科学与社会科学的严重分歧。犯罪学的研究,也许有助于我们对于暴力行为的学术分析。美国的犯罪学家研究犯罪的角度主要有四种即生物学、心理学、社会学和法学[③]。而其中生物学的分析视角重点关注于人的本能、势力范围或体型大小、染色体异常、荷尔蒙变化或对于生物化学因素的介入等。"从神经生理学和心理学的资料来看动物与人类的侵犯行为,似乎无可避免地会得出这样的结论:侵犯行为是一种反应,一个个体不论以一个个体的身份,还是以种族一分子的身份,当它的生存受到威胁——或者,广泛地说,当它的生存利益受到威胁——它

---

① 〔美〕路易丝·谢利:《犯罪与现代化:工业化与城市化对犯罪的影响》,何秉松译,中信出版社2002年版,第21页。
② 杨士隆主编:《暴力犯罪:原因、类型与对策》,台北:五南图书出版股份有限公司2004年版,第115页。
③ 张智辉等:《比较犯罪学》,台北:五南图书出版股份有限公司1997年版,第91页。

就会发生侵犯行为。"① 在上世纪 60 年代之后，这样的观点更为普遍②。

犯罪生物学的视角解释了个体暴力行为的科学依据，这样的视角在一定程度上影响着社会科学的研究。特定的个体为什么会发生暴力，一般认为，这样的个体往往天生就是反社会者，犯罪学家福克斯和列文这样描述反社会者："他们以自我为中心，巧于经营，占有欲强，嫉妒心重，轻率鲁莽，不可信赖。他们经常夸大自己的重要性，需求特殊的待遇和过多地被注意……在走向成功顶峰的路上，反社会者会无情地踩倒与他们竞争的人，而毫无羞愧或内疚之感。"③ 也正是遵循着这样的逻辑，暴力的发生从个体弥漫到社会领域，不健全的人格被扩大为反社会的人格。

其次，暴力的社会属性。犯罪生物学的研究自其形成之日起就遭遇社会科学家的质疑，有学者认为，暴力的发生往往源自施暴者特定的环境，"需要识别出创造了这种环境的三种社会进程：授权，惯例化和人性的丧失。授权，是由于环境非常确定以使得每个人都免除了作出个人道德选择责任的一个过程；惯例化，是由于行为是相当有组织的以至于没有提出道德问题的机会的一个过程；人性的丧失，是由于行为人对行为目标及其自身态度结构使得他们没有必要也没有可能从道德的角度出发来考虑他们二者的关系"。④

环境对人类的暴力行为如何起着内在的作用，暗示理论给予了相应的解释，伯克维兹（Leonard Berkowitz）是解禁及暗示理论的代表人物，此学说认为，在一定的环境下，电视暴力内容会产生解禁的作用，因为看多了暴力内容，会使人们对暴力无动于衷，减弱人们对侵略性行为的抑制，

---

① 〔德〕E. 弗洛姆：《人类的破坏性剖析》，孟禅林译，中央民族大学出版社 2000 年版，第 124 页。

② 杨士隆主编：《暴力犯罪：原因、类型与对策》，台北：五南图书出版股份有限公司 2004 年版，第 36 页。

③ 〔美〕查尔斯·德伯：《疯狂的美国：贪婪、暴力、新的美国梦》（第 2 版），何江胜、何烨、相华利译，社会科学文献出版社 2005 年版，第 57 页。

④ 〔英〕莫里森：《理论犯罪学——从现代到后现代》，刘仁文等译，法律出版社 2004 年版，第 194 页。

从而更容易行使暴力。上世纪70年代的时候,伯克维兹又进一步阐释了暗示理论,他认为挫折很容易产生侵略性,但诱导侵略性的暗示是侵略性必然要发生的暗示。因此,侵略性必须具备两个条件:一来自于内部的因素(如挫折或愤怒)和外部环境(合适的暗示)①。遵循社会的外部进程与内部暗示,个体在遭遇挫折之后进行了反击,这种反击或针对个体,或指向社会,从而破坏了既有的社会秩序,造成了程度不一的负面效果。

第三,社会暴力的批判与歌颂。社会变迁往往伴随着暴力的扩张,在悲观主义者看来,这种暴力往往会带来既有社会秩序的破坏,而新生的社会也许会陷入暴力变迁的轮回。但是在乐观主义者看来,所有的暴力等同于革命,暴力可能会伤害个体自由与社会秩序,但是这恰恰是社会进步的必要代价。于是我们走在了暴力认知的门口,如果从个体自由出发,谁的自由的丧失是必需的?我们何以确定一个充斥暴力之后的未知世界?在国家主义和个人主义的背后,是暴力的论争,更是对于自由的不同把握。

在阶级严重对立的时期,无产阶级导师否认社会暴力等于犯罪,继马克思在《资本论》中作出"暴力是每一个孕育着新社会的旧社会的助产婆"定性之后,恩格斯在《反杜林论》中继续强调:"至于暴力在历史上还起着另一种作用,革命的作用,至于暴力,如马克思所说的,还是任何旧社会在孕育新社会时的产婆,至于暴力是为社会运动开辟道路,并把僵化的死沉沉的政治形势摧毁下来的武器——至于所有这些,我们没有听到杜林先生说过一个字。"②

在社会变革的时期,阶级革命通过社会暴力带来巨大的社会进步,但是在阶级消灭之后,暴力是否仍然是社会进步的唯一手段则引发人们的思考。对于乐观主义者来说,"如果他拥有狂热的性情,而且又不幸地让他手握大权,允许他实现梦寐以求的理想,乐观主义者就有可能为他的祖国带来无穷无尽的灾难。不久,他就会发现社会转变并不如他想象地那么简

---

① 王玲宁:《社会学视野下的媒介暴力效果研究》,学林出版社2009年版,第5页。
② 恩格斯:《反杜林论》,吴黎平译,人民出版社1956年版,第190页。

单;接着,他会把失利归咎于同时代人,而不用历史的必然性去解释事件的进程;他会竭力消灭那些看起来危害众人幸福的错误思想的人。在大恐怖时期,流血最多的人恰恰是那些最强烈希望实现自己梦寐以求的黄金时代的人,是那些对人类痛苦有着最深切同情的人;他们都是乐观、理想主义并且敏感的人物,他们越是毫不妥协,他们追求普遍幸福的愿望也就越强烈。"①

二、中国社会暴力的历史演变

中国社会暴力的发生有着极其悠久的传统。在黑格尔看来,中国的历史不过都是君王覆灭的历史。这样的判断也说明了中国的传统历史发展必须依赖于体制之外的社会革命,这种社会革命推翻了王朝的末代皇帝,也通过制度模仿建立自己的专制体系,并从历史的视角为社会革命的萌发奠定了制度基因。

首先,现代国家建设中的社会革命。中国的专制主义统治史上,并无社会的足够地位,自秦汉以来,国家对于社会的捆绑是一以贯之的,在国家吞噬社会的体制里,国家与社会也自然不存在所谓的对立紧张的关系,国家的更替并不一定来自社会力量的觉醒,而更多来自社会革命的爆发。在没有社会革命的历史时期,王朝政治以超乎稳定的政治体系与权力架构维持了国家的低裂度运作,但是由于"社会革命则一开始就同统治阶级的利益毫不调和,而在任何情况下都意味着要消灭统治阶级的权力地位"②,因此,当诸如土地等社会问题集中爆发并突破既有的政治体系与权力架构时,社会革命仍然将伴随着王权的更替而轮回。

自晚清以来,中国的政治变迁开始围绕国家建设这一主题展开。在政治革命者看来,现代国家的建设仍然需要遵循政治革命的道路,以推翻落后的专制制度以谋求新的政治生活;而在经济革命者看来,政治革命并非

---

① 〔法〕乔治·索雷尔:《论暴力》,乐启良译,上海人民出版社 2005 年版,第 7 页。
② 〔德〕卡尔·考茨基:《社会革命》,何江、孙小青译,人民出版社 1980 年版,第 10 页。

一定是唯一的道路,在梁启超看来,中国并不存在欧洲一样的阶级分离,按照他的分析,欧洲工业革命后带来的社会贫富差距和社会的动荡,是一种畸形的经济发展的产物,合理的经济发展的道路应当是生产和平等的同步。①

当代中国也曾经遭遇宣扬革命之后的发展困境,十年"文化大革命"带来的不仅是公众对政府制度的深刻怀疑,也造成社会资本的大量流失。每一次暴力革命之后都伴随着长期的心理创伤与艰难修复,"当然,人们应该对那些历史上的受害者充满缅怀之情,但是,有人可能认为你记忆得太多了。过多的追忆往事,以前的隔阂和冲突就不会消失,旧时的伤口也不能愈合。在这样的情况下。往事不仅依然是现实的主宰,在一定程度上还把持着未来"。②

其次,现代政府建设中的社会运动。"革命是由对暴政的憎恶激起的。但是,它本身的强暴也不是没有更坏之处的。没有比革命时期更同自由的生存不相容的了。无拘束地发表意见一向是受制于为害的反动势力,但是在革命的时刻,它受到了数倍于此的限制。"③ 在现代国家建立之后,社会革命就逐步退出了政治变迁的舞台。

现代国家同时伴随着现代政府的建设,如果说现代国家建设涉及到权力结构的重建,那么现代政府的建设就意味着其治理方式的重塑。"梅因(Summer Maine)指出,自从18世纪末以来,政府与公民之间的关系已经完全颠倒过来了。从前,政府是善良与英明的化身,因此,任何阻碍它正常运作的企图都会被视为一项滔天的罪行。相反,自由制度则以一些基本权利为前提,自由公民能趋利避害,有权批评由主人变成公仆的政府。"④

---

① 朱俊瑞:《社会主义经济思想在中国的早期传播》,浙江大学出版社2010年版,第130页。
② 〔英〕安德鲁·瑞格比:《暴力之后的正义与和解》,刘成译,译林出版社2003年版,第2页。
③ 〔英〕威廉·葛德文:《政治正义论》第1卷,何慕李译,商务印书馆1980年版,第181页。
④ 〔法〕乔治·索雷尔:《论暴力》,乐启良译,上海人民出版社2005年版,第83—84页。

同样在中国,传统的臣民开始实现向公民的转换,这就给了几千年的愚民政治的传统以很大的冲击。经历过"文革"的治理颠覆以后,中国公民对于政府的信任度有了较大的降低,当政府延续以往的治理方式时,必然遭遇公民的社会抗议。

社会运动自1750年之后在西方开展起来,主要体现三个方面的内容:(1)不间断和有组织地向目标当局公开提出群体性的诉求伸张;(2)下列政治行为方式的组合运用:为特定目标组成的专项协会和联盟、公开会议、依法游行、守夜活动、集会、示威、请愿、声明、小册子;(3)参与者协同一致表现出的价值、统一、规模、参与者和支持者的奉献。① 这样的基本判断同样适用于我国近30年来的社会运动。在上个世纪80—90年代的社会运动体现在学术界,则是新权威主义和市民社会的论争,市民社会理论如今已经成为主流,此处不再赘述。新权威主义的倡导者萧功秦先生认为,新权威主义这一概念主要有如下的特征:在经济上走向市场化;在政治上凭借庞大的官僚体制和军事力量实行由上而下的统治;在意识形态上对传统的价值体系有更多的认同;对西方先进的科技、文化实行开放注册。张炳九先生解释说,"新权威"由两个概念合成,"新"是指领导人必须是现代意识的产儿,"权威"即领导人必须是社会权力的控制者。他认为,在中国内地的国情下,由一些强有力的国家领导人强制性地推进现代化,比马上实行民主更为可行。②

因此不难看出,在秩序与自由转换之间,在传统治理结构转型的艰难时期,市民社会的理论崛起与新权威主义的理论式微,标志着中国的社会运动正在逐步突破传统治理方式的束缚。而在市民社会理论尚不成熟的阶段,社会抗议有可能突破现有的制度框架,继而倒逼传统的政府治理范式。

---

① 〔美〕查尔斯·蒂利等:《社会运动,1768—2004》,胡位钧译,上海人民出版社2009年版,第5页。

② 范世平:《大陆观光客来台对两岸关系影响的政治经济分析》,台北:秀威资讯科技股份有限公司2010年版,第309页。

第三，现代社会建设中的群体骚乱。现代国家、现代政府的重建提供了社会生长的空间。但是在现代国家与政府的建设过程中，原有的国家控制社会的手段有可能逐步退出，而社会在无法实现自我控制的情况下，有可能形成社会暴力的蔓延，社会骚乱就是其中的极致。

"任何社会的存在和发展都离不开一定的秩序，社会秩序的建立和维持则是社会控制的结果。社会控制就是要把彼此完全不同的单个人的社会行动整合成有序的社会秩序，使人们的社会行动既千差万别，又符合社会要求而不发生偏离、越轨。"① 社会控制的理论假设在于，一个良好的社会形态将遵循着既定的社会边界，同样这样的理论假设建立在有限理性的现实之上，当社会突破已有的社会规范时，越轨的行为必须得到纠正。

从表面上看，社会骚乱往往难以从起因上区别于社会运动，"真正拥护平等的人是不会鲁莽从事，不会抱有暴动和骚乱的疯狂企图的，而会努力去发现一种办法，通过它来使自己的能力得以发挥出最大的和最长远的作用。"② 但是社会心理学承认人们在群体活动中理性丧失的可能性，从结果上看，当这种社会骚乱符合犯罪学所有的形式要件，并必须以刑法加以制裁时，社会犯罪已经发生。在国内外现有的社会骚乱中，打砸抢往往成为其主要的表现形式。犯罪分子往往借助于社会抗议引发的社会无序，借机以暴力手段侵犯他人财产、自由、名誉，给当事人造成严重的权利损害。

三、中国社会暴力的当代分类

进入新世纪的中国的社会陷入更加深刻的变迁之中，也激发了学术界对于社会暴力的深刻关注，但是在现有的研究中，社会暴力、群体性事件以及社会安全类危机事件往往被不加区别地联系起来。我们认为，现有的

---

① 吴鹏森：《犯罪社会学》，社会科学文献出版社2008年版，第328页。
② 〔英〕威廉·葛德文：《政治正义论》第1卷，何慕李译，商务印书馆1980年版，第168页。

社会暴力并不简单相似，在相近的社会后果之上，存在着结构性差异，因此，也应该有着不同的治理方式。

首先，制度羞辱中的怨恨型社会暴力。中国的社会变迁伴随着巨大的人口流动，但是在这样的大规模流动中，原先的地方政府治理方式仍然缺乏相应的政策准备，沿袭建国以来的户籍制度及其附着其上的教育、卫生与住房制度给外来的人口带来严重的束缚，"每一个新移民群体都会发现自己所占据的是由先到的移民群体刚刚抛弃的社会最底层。"① 但是从公民权利平等的角度，公民拥有自由迁徙的权利，政府无权剥夺这一权利。于是僵化的制度与流动的人口之间形成了巨大的张力，当地方政府无法提供无差别的公共服务时，移民对于迁入地政府的社会不满就会加强。

"只有相互一致和相互支持的制度安排才是富有生命力和可维系的。否则，精心设计的制度很可能高度不稳定"。② 但是，如果这种制度违背了社会正义，即使这样的制度设计多么精巧，也无法确保其自身的稳定。社会伦理学家马格利特指出："在文明社会里，社会成员相互不羞辱，在正派社会里，制度不羞辱人。"③ 对于公共服务供给上的缺口，人们一般以公共政策的不完善加以理解。事实上，这种沿袭数千年的羞辱性制度损害了社会平等，也反过来通过剥夺正义以固化这种刚性的充满羞辱性的政府制度。异地高考的政策争论、死亡赔偿金差异等制度设计的背后并不简单是政策的差异，而是公民对于平等制度的正当追求，是治理正义的充分主张。

在追求制度正义的过程中，社会个体形成了庞大的社会联盟，陈谭、黄金指出，在政治宣泄渠道不畅、利益表达机制不健全、话语表达方式单一、制度保障不足的语境下，一种"堵塞型社会"便容易形成。有效利益表达机制的迟钝或缺失往往激发部分群众对现存体制的失望和不信任，当

---

① 〔美〕罗伯特·K.默顿：《社会理论和社会结构》，唐少杰等译，译林出版社2006年版，第342页。
② 〔日〕青木昌彦：《比较制度分析》，周黎安译，上海远东出版社2001年版，第19页。
③ Avisay Margalit, *The decent society*, Cambridge: Harvard University Press, 1996, p.1.

其无法借助既有的制度来维权时,便转向依靠最为不雅的手段——暴力来发泄对社会的不满①。只有当社会暴力的主张被制度吸纳时,社会暴力才可能消退。

但是值得关注的是,实施社会暴力的还可能是不平等制度的维护者。2012年,15岁的江西籍女孩占海特,由于户籍关系无法参加上海市高考而放弃求学,引发了公众的热议。2012年10月25日上午,在上海市教委大门口,一些反对者还打出了"蝗虫滚出上海!上海不需要外地蝗虫!"等标号②。正是不公平制度的得益者,往往选择对既有制度的支持,并对正当诉求者实施语言、恐吓等暴力。

其次,权利觉醒中的抗议性社会暴力。在克里西(Kriesi)看来,集体抗议渊源于四对关系的分裂:中心—边缘的分裂、宗教的分裂、城市—农村的分裂以及工人阶级—资产阶级的分裂③。这种社会结构性的分裂,为社会冲突乃至社会暴力的发生确立了前提。在中国,城乡二元体制的分立、中央与地方治理的价值差异、贫穷阶层与富裕阶层的对立、官员群体与草根民众的冲突正是在一定程度上体现了国家转型与社会转型中的结构性分离。据于建嵘的研究,目前中国社会发生的抗议事件中,农民维权约占35%,工人维权30%,市民维权15%,社会纠纷10%,社会骚乱和有组织犯罪分别是5%。在农民维权中,土地问题约占65%以上④。因此可以看出,伴随着权利意识的觉醒,抗议性社会暴力成为社会事件的多发手段。

当普遍的权利意识的觉醒遇到普遍的权利侵犯时,普遍的社会抗争就会出现。在前文所提及的维权事件中,一些维权事件早已冲出了阶级差别

---

① 陈潭、黄金:《群体性事件多种原因的理论阐释》,载《政治学研究》,2009年第6期。
② 袁勃等:《女孩约辩上海异地高考?家庭遭举报超生偷税》,人民网:http://edu.people.com.cn/n/2012/1209/c1006-19838412.html,(访问日期:2013年4月21日)。
③ 谢岳:《抗议政治学》,上海教育出版社2010年版,第10页。
④ 于建嵘、[美]詹姆斯·C.斯科特:《底层政治与社会稳定》,载《南方周末》,2008年1月24日。

和地域限制，从而成为普遍性的社会事件，今天的中国正在环境保护、城乡拆迁等方面形成普遍性的社会情绪，直至完成"情绪共振到行动一致的转化"①。从普遍权利到普遍意识，从普遍情绪到普遍行动，社会抗议事件完成了从情绪发泄到行为失控的转换。在这样的转换中，一些环境保护性等社会组织也逐步成熟起来，并完成了从运动参与者向组织者的过渡。

在集体抗议中，最为极端的就是游行示威。从传播学的视角，游行示威是一次大规模的舆论综合。在这一集会中，舆论领袖与舆论从众从社会各个角落走到一起，"相互呼应，毫不退缩，舆论信念坚定。游行示威把多种舆论行为组合在一起，具有强烈的煽动性。成千上万舆论人的活动空间不断改变，舆论声势沿着游行示威的路线相继出现，在短时间内形成大面积的舆论鼎沸势态。"②

第三，官僚失范中的纠正性社会暴力。位于我国政府权力结构末端的是那些具体的执法者，这些执法者即美国行政学者李普斯基所谓的"街头官僚"。正是这些街头官僚，影响着公众对于政府的基本认知，也成为沟通底层民众与政府核心行动者的政治联系。与地方政府中的核心行动者即主政官员相比，街头官僚拥有着非常有限的制度空间；但是对于民众来说，街头官僚又往往被赋予超乎制度的权力想象。而"有些职员不顾自己在这个等级结构中的位置，竟以整个机构权力和荣誉的代表自居处理问题。身为职员，他被授予一定职权，这常常导致实质上或表面上的跋扈作风，他在等级结构中的位置与他在公众面前的地位不一致性，又可能加剧这种作风。然而，当事人对此的抗议或转向其他科层组织成员的做法，往往无济于事"③。

在监督不足的情况下，地方政府官员迫于政绩考核的诸多考量，在协

---

① 朱力、曹振飞：《结构箱中的情绪共振——治安型群体性事件的发生机制》，载《社会科学研究》，2011年第4期。
② 刘建明：《舆论传播》，清华大学出版社2001年版，第198页。
③ 〔美〕罗伯特·K. 默顿：《社会理论和社会结构》，唐少杰等译，译林出版社2006年版，第356—357页。

商无法取得一致的情况下，往往采取强制性的手段来进行征地、拆迁等行政行为，从而激发社会强烈的反弹；在一些场合下，基层公务员的不当言论也容易激发政府与公众之间的强烈对抗；更为严重的是，一些底层官僚的"钓鱼执法"、粗暴管理等违法或不当行政行为往往直接催生社会强烈的不满，并往往直接导致暴力行为的发生。

第四，社会发育中的成长性社会暴力。默顿指出："由于所依赖的基础彼此不同，群体和社会在社会内聚的程度上也就不同：（1）文化上导致的社会内聚：源于群体成员所内化的共同规范和价值；（2）组织上导致的社会内聚：源于通过群体内其他人相互依赖的行为达到个人目标和群体目标；（3）结构预警所导致的社会内聚：例如产生于内群体和外群体的对比、与其他群体的冲突等等。"[①] 近30年的市场经济体制分化了公共领域与私人领域，也催生了中国公民社会的组织联合。

近期中国的群体性事件的一个基本走势就是，由于公共利益受损，分散的社会个体正在走向联合，《2012年群体性事件研究报告》表明，在2012年，群体性事件所涉引发原因主要可以分为公共利益受损和个人利益受损。其中，公共利益受损为主要原因，占到总体的57.8%，个人利益受损引发的群体性事件比例为42.2%。[②] 在这些公共利益受损的背后，是正在积聚的社会力量。但是由于这种社会自组织的初步性，其行为表达有可能突破秩序的边界，并形成一定的社会破坏性。

同时需要指出的是，在权力金字塔的底部，地方政府难以得到有效的授权，也难以控制弥漫的社会暴力。蒂利发现，社会暴力规模与政府能力呈现负相关关系，"大规模的致命性冲突大多经常发生在那些政府能力居于中等或政府能力低下……'中央权威软弱或不存在'的那些具有不稳定

---

① 〔美〕罗伯特·K.默顿：《社会理论和社会结构》，唐少杰等译，译林出版社2006年版，第498—499页。
② 陈锐：《2012年群体性事件研究报告》，法制网，http：//www.legaldaily.com.cn/The_analysis_of_public_opinion/content/2012-12/27/content_4092138_2.htm，（访问日期：2013年4月22日）。

的中等政府能力的政权中"。① 由于理性的缺乏，一些社会组织通过暴力行为以增强利益争取中的议价能力，这种议价能力的提升恰恰是和地方政府行政能力呈现反比。从积极意义上看，社会暴力的发生转移了政府的权力，从而形成了蒂利所谓的政治机遇结构；但是由于这种能力是通过制度以外的暴力行为换取的，最终也将削弱社会自组织的能力。

第五，体制突破后的防卫性社会暴力。因此当社会结构性分裂无法弥合时，社会暴力作为显性的特征一定激发人们的关注。美国政治思想家亨利·大卫·梭罗发表了《论公民的不服从》，从而使公民权利保护进入了一个新阶段。在这样的公民权利保护中，公民不一定行使暴力，但是这种罢工、集会等无声的抵抗是否构成暴力，也尚待思考。1930年1月26日，印度的非暴力公民不服从运动又一次启动。这次运动从不服从殖民当局法律、放弃职务、全罢课、抵制英货、拒绝纳税开始。虽然这次运动对政府的镇压绝不反抗，但是这样的非暴力性也不是绝对的。在政党的领导下，为了反对食盐专卖，甘地要求国大党各地方委员会普遍组织纠察队，以阻止人们去酒店和出售外国货的商店。而在贝拉尔产棉区，农民运动则直接演变为起义。②

如果说抗议性社会暴力来自权利意识的觉醒，那么有些社会暴力则来自对于政治制度的极端抵制。在美国内战以后，黑人的反抗基本采取消极反抗的方式，一直到20世纪60年代。由于反战运动的带动和黑人的觉醒，黑人运动才出现城市骚乱和破坏的方式。从1965到1968年，发生黑人骚乱的城市有洛杉矶、芝加哥、纽瓦克、底特律和华盛顿等。在一些社会运动中，一些极端性社会暴力事件也频繁出现。在20世纪70年代，宾夕法尼亚州爱尔兰裔煤矿工人的秘密组织用暗杀和破坏来同雇主进行斗争长达10年之久。③ 这样的行为从效果上看，属于防卫性的社会暴力，即这样的

---

① 〔美〕查尔斯·蒂利、西德尼·塔罗：《抗争政治》，李义中译，译林出版社2010年版，第135页。
② 彭树智：《现代民族主义运动史》，西北大学出版社1987年版，第57—59页。
③ 董乐山：《美国社会的暴力传统》，载《美国研究》，1987年第2期。

社会暴力形成于自我防卫性的不当行为。

过度防卫的社会暴力以制度外的手段抵抗政治体制,既取得了预期的效果,也埋下了社会仇恨的种子。在蔓延东西方的盗贼、侠客崇拜的背后,是社会暴力的极端崇拜,这种崇拜把自我生存空间的改善寄托在自我力量的增长而不是寄托在对于政府的信任之上。于是,以暴制暴与以暴抗暴就成为相互依赖的社会冲突解决模式。在白人与黑人的种族冲突中,当美国白人在镇压黑人中行使私刑时,事实上也给了黑人同样的暴力启发,并使正义的行为蒙羞。

第六,组织犯罪中的侵犯性社会暴力。在国家建设与社会成长的背后,也必须承认存在着一种社会暴力与二者无关,由于这种社会暴力直接触犯法律,通常被直接冠之以"犯罪",其行为也通常直接受到刑法的制裁。在犯罪学中,一般认为暴力犯罪是指犯罪人故意使用暴力或以暴力相威胁,非法侵犯他人人身或财产的犯罪行为[①]。

社会暴力往往形成一定的社会负面后果,但是社会暴力的破坏也存在主观故意与客观损毁之区别。在社会运动的成员中,有一些人与其他成员不同。据研究,在暴力犯罪成员中,18—30岁的占80%以上,其中不少是受过刑法处罚和劳教处理的人员,以及逃跑的服刑罪犯和劳教人员。他们对社会怀有强烈的报复心理,有犯罪经验,胆大妄为,心狠手辣,不计后果,而且专门做大案,在犯罪集团和共同犯罪中起组织和骨干作用,对社会危害极大[②]。如果这样的数据是可信的,那么有20%的个体则属于无意中卷入暴力伤害之中的。在暴力成为一种浪潮时,任何个体也可能卷入暴力之中,并形成对他人的巨大伤害。前文提到过的反日游行中,也曾经发生过这样的暴力事件。2012年9月15日,在钓鱼岛事件的反日游行中,在爱国口号的喧嚣下,来自河南省南阳市郊区的农民工蔡洋对西安一位日系汽车车主大打出手,造成后者严重的身体伤害;更为严重的是,蔡洋的

---

① 宋晓明:《犯罪心理学》,中国人民公安大学出版社2009年版,第193页。
② 同上,第194页。

行为居然在网络上获得了相当数量的支持,并且,类似的暴力伤害行为在全国并非孤案。

此外,由于今天的中国社会还处于发育的初级阶段,社会自组织的能力还很弱小。但是与之相对的是,中国的黑恶势力却有着深厚的历史传统,这些黑恶势力或借助宗族,或假托企业,甚至与一些基层政府相互勾连,形成了巨大的破坏作用。由于这些黑恶势力往往绑架民意,从而使政府对于社会犯罪的打击显得棘手。

1978年8月13日,《中共中央关于慎重处理无产阶级"文化大革命"中打砸抢问题的通知》,提出以下的政策界限:(1)清理和打击的打砸抢对象应当是:行凶杀人的刑事犯罪分子;搞阶级报复的地富反坏分子;搞挟嫌报复后果严重,不处理不足以平民愤的分子;一贯搞打砸抢情节恶劣,屡教不改的分子。对这些人的处理,要重证据,重调查研究,按照党的政策和法律程序,查清一个,处理一个。不要单独搞清理打砸抢运动,不要搞人人过关,不要搞逼供信,不要搞挂牌子罚跪、游斗。(2)对于绝大多数受蒙蔽参加过打砸抢的人,包括犯有严重错误的,都要本着惩前毖后、治病救人的方针,着重思想教育,不要追究个人责任。[①] 应该看出,这样的区别对待既保护了社会力量,也惩罚了那些绑架社会的犯罪行为。

当然,社会暴力的类型学意义仅仅在于分析的需要,事实上在各种社会暴力的转换之间,并不存在严格的分界。不同的社会暴力可以互相转换,也可以互相支持,从而形成社会暴力的弥散性。

第五节 社会暴力的基本结构

中国的社会暴力发酵于民间,触发于国家社会的边缘地带。从社会暴力发生学来看,诸多的社会、政治因素的参与为社会暴力事件发生提供了

---

① 张希坡:《中华人民共和国刑法史》,中国人民公安大学出版社1998年版,第612页。

基础性条件。在蒂利看来，集体暴力包括三个方面的内容：对个人立即造成身体伤害，至少两个作恶者，至少是部分地来源于施暴者的相互协作①。这就提供了社会暴力结构分析的基本框架。我们借用这一分析框架，认为，社会暴力一定会对社会秩序造成破坏；一定有社会暴力的发起者和参加者或曰契约者。

一、社会暴力的主体

社会暴力的发生取决于暴力的发起者、暴力的参与者两个部分，在社会暴力的发生过程中，按照蒂利的分类，不同的人群可以区分为社会暴力的施虐者与契约者两个主体，但是在社会暴力发生的时候，这一明确的主体结构则可能进一步分化。

首先，社会暴力的发起者。社会运动总离不开一些骨干分子的发动，社会暴力的发起者既可能是自我认为利益受到损害的一方，也可能是充满社会"正义感"的个体，其对于正义的要求最为强烈。在现实生活中，这种发起者往往是特定的，人数也往往被限制在一定的规模。但是当个体性事件获得支持时，社会事件就产生了。

在社会运动中，很多的人群都可能发起社会抗议。知识分子、农民、工人、学生等都可能成为特定社会暴力的发起者。在法国，20世纪60年代以来的社会抗议就主要由知识分子发动，并继而具备了社会暴力的特征。同样，在中国，农民进城务工人员由于受到不公正的待遇，也可能在特定条件下引发社会抗议。有资料显示，我国群体性事件的参与人次从1994年的73万人次上升到2004年的376万人次；2004年前10个月，除西藏外，在全国31个省市中，有337个地级市和1955个县发生过未经核准的100人以上的游行集会活动事件……；2006年1月至9月，全国公安

---

① 〔美〕蒂利：《集体暴力的政治》，谢岳译，上海人民出版社2006年版，第4页。

机关共处置各类群体性事件1.79万起。① 这些事件都可能在一定条件下转化为社会暴力。

社会暴力的发起者也有变化的过程，事实上，个体发起的社会暴力往往无法形成对社会的结构性冲击，而当这种社会暴力被政治组织整合时，社会暴力的性质就有了根本性变化。因此，在一定程度上可以说，由于发起主体的变化，从个体到组织实现了质变，个体自发行动转变为组织的集体行动。同样，社会暴力的激发可能来自遏制社会暴力的努力，当这种努力超过一定的控制时，暴力压制本身也可能成为暴力新的激发点。2008年7月19日，由于没有及时化解胶农的利益诉求并且滥用警力，云南孟连县的175名警察被700余村民围攻，这起事件造成两名村民死亡，17名村民、41名警察、3名干部受伤，9辆执行任务的汽车被砸坏，102件警械被损毁或丢失。在孟连事件中，地方政府为其不当行为付出了沉重的代价。

其次，社会暴力的契约者。在这些社会事件中，那些事件的参加者构成了社会暴力的又一主体——契约者。所谓契约者是指那些主动参与社会暴力事件的当事人和围观者。社会暴力的蔓延在很大程度并不是由发起人完成的，当事人和旁观者往往形成更大的破坏。

2009年6月17日至20日，湖北省石首市发生一起因酒店厨师非正常死亡导致数万人持续在现场围观起哄的群体性事件。警方初步认定厨师为自杀之后，家属对死因表示质疑，拒绝对尸体进行火化，并引来众多群众持续围观，围观人数最多时达数万人。6月19日，许多群众在该市设置路障，阻碍交通。6月20日凌晨，少数不法分子借在停放尸体的酒店内纵火滋事，并煽动围观群众袭击前来救火的消防战士和公安民警。不难看出，在这一社会暴力事件中，事件的发起者和围观者共同形成了对社会秩序的破坏，他们也共同构成社会暴力的主体。在社会暴力事件发生之后，无限

---

① 《2006年发生超过9万起 群体性事件增加趋势明显》，载《领导决策信息》，2008年第38期。

蔓延的社会暴力撕毁了社会秩序，也破坏了社会自我管理的可能，并在政府与社会之间形成新的对立。

中国的社会暴力的契约者分布城乡，在城市中往往体现为维权的工人运动，而在农村，权利主张也往往成为社会暴力发生的原动力。1993年1月到6月，四川仁寿县爆发大规模的农民暴动，数万人抗议政府为了修建高速公路而向农民乱收费，上万名愤怒的农民包围了区、乡政府，烧毁了检察院的汽车，商店关门，区、乡政府机构瘫痪，从而形成了1978年以来首次大规模集体抗税运动[1]。社会暴力的蔓延还往往突破固定的人群，从而具有不稳定性。当社会暴力的发生在不同的社会阶级甚至族群时，不同阶级和族群就会自动成为社会暴力的契约者。在印度比哈尔邦，种姓之间的集体屠杀事件从1971年到1999年发生了59起，有600人被杀。其中仅在1990到1999年之间就35起[2]。在这些暴力事件中，族群则成为社会暴力的契约者。

今天的中国，在网络的催生下，一些社会个体开始走向联合，并开始汇聚成新的社会暴力的契约者。一项关于中国"蚁族"的调查表明，社会底层群体进入网络有可能助长网络暴力的蔓延："蚁族"自身的特征的叠加则是群体极化现象出现的客观因素，主要有以下几个方面：(1)"蚁族"处于社会底层群体，网络一定程度上给了"蚁族"表达自己利益诉求乃至怨愤情绪的空间。只要网络上出现与他们在现实生活中的遭遇相似的事件——即使此事与他们没有利益冲入，也会产生心理上的共鸣；只要形成偏向性观点，就会不加辨别地支持。(2)互联网的发展与普遍，使得个人责任更加分散，这种分散使"蚁族"比独自承担所有责任时更大胆，更能够以一种极端的形式来表达自己的观点。(3)"蚁族"具有高度同质性，他们经历的生活、所处的地位、所得到的信息是经过自动筛选与过滤了的

---

[1] 谢岳：《维稳的政治逻辑》，清华书局2013年版，第38页。
[2] 孙培钧：《印度国情与综合国力》，中国城市出版社2001年版，第253页。

相同论调，单一化的信息接收自然会强化他们原有的观点，继而形成极化。① 因此，社会暴力的契约者与社会暴力的发起者一起，组成了社会暴力的主体。正是在他们的发起与参与下，社会暴力才突破了个体行为的特点，形成集团行动与社会破坏。

二、社会暴力的客体

从表面上看，社会暴力造成现有的社会秩序的破坏。在市民社会没有发育的时候，社会秩序主要由国家维持，因此社会暴力的破坏性后果主要指向国家，从而形成国家与社会、政府与个体的矛盾。

首先，社会暴力的发生往往指向特定的个体。社会暴力首先指向特定的个体，这些个体甚至是无辜的。在一系列所谓爱国的社会事件中，很多无辜者受到了冲击，暴徒们以"爱国"的名义冲击了那些未必不爱国的公民的生命自由。而社会暴力发生的悲剧性后果在于，社会秩序并不为国家及其政府所独有，当社会秩序被破坏以后，社会暴力的蔓延使施暴者也往往受到无序社会的惩罚，中国十年"文化大革命"造成的人人自危就是鲜明的例证。而在更大的程度上，社会暴力的发生还往往催生冷漠的社会文化背景。有媒体屡次报道一些欲跳楼自杀者在围观者的催促中失去了生命，这些足以体现社会文化心里的冷漠与病态。

在网络世界中，由于缺乏责任与监管，有可能形成底层社会的泄愤之地，从而催生了对于当事人的网络暴力行为。前文所说的"蚁族"课题组以"人肉搜索"、"网络曝光"、"网络事件跟帖率"和"网络事件转帖率"等四个方面衡量"蚁族"的网络暴力行为，发现这一群体中人肉搜索参与率达到9.9%，对天价烟等网络集体行为事件的跟帖率达到33.3%，转帖率达到13.3%，其网络暴力行为居于中等偏上的水平②。他们通过这种无责任的网络行为，往往给当事人造成了一定的权利损害。

---

① 廉思主编：《蚁族Ⅱ：谁的时代》，中信出版社2010年版，第305页。
② 同上，第306—307页。

其次，社会暴力还将冲击现有的社会秩序。无论是自由主义者还是保守主义者，都无法否认社会秩序存在的必然性，所不同在于其对于社会秩序构建中的国家角色或者市场角色的不同认知而已。但是社会暴力的发生却不加分辨地摧毁着社会秩序，瓦解了实现社会平衡的所有努力。

社会暴力对社会秩序的冲击是全方位的，在实体社会中，社会暴力一定会挑战现有的社会规范；即使虚拟社会，也难以摆脱这种社会暴力的冲击。虚拟社会是实体社会的延伸，在网络社会中，理性的缺乏使人们可以肆意利用网络，最终损害网络秩序理性化的努力。而移动平台的普及化使人人都拥有麦克风，可是由于相关制度建设的缺乏，越来越多的理性的人可能不再跟帖，从而毒化了网络净化的可能，最终损害网络社会的理性化进程。更进一步讲，社会秩序的背后是法律体系，当人们无视社会秩序时，其实是对法律体系的戕害。

第三，社会暴力冲击脆弱的市场体系。自从上个世纪90年代以来，中国的市场经济体制逐步建立，但是由于我国建国以来的计划经济传统，中国的市场经济体制仍然有着结构性的不足，还需要市场自身加以完善，并最终形成市场要素的自由流动。但是蔓延的社会暴力严重伤害了这一市场体制完善的努力。在近年来的反日运动中，冲击的不仅仅是个体生命，一些由许多中国人经营的日本料理餐厅、日资企业也遭遇财产损失。这些社会暴力冲击了1992年以来脆弱的市场经济秩序，干预了企业的经营自由，而这些正是社会发展弥足珍贵的主要动力。

此外，有资料显示，2008年10月到2009年9月的上一联邦财政年度获批的EB5类签证移民总数，已从2008财年的1443人升至4218人，其中七成左右主要来自中国。《经济观察报》报道分析说，内地富人海外移民的主因，排在第一、第二位的分别是子女教育和寻找安全感。第二个原因令人反思国内的社会环境。一是国内的投资环境，离法治化和规范化还有不小的距离，许多投资渠道限制民营资本进入。二是贫富差距拉大，导致中国社会对财富"原罪"的追问以及"仇富"心态也让富人们如坐针毡。一旦社会矛盾激化，他们中的一部分人就会成为权力的祭品和替罪羊，成为权力打击和清算的对象。①

社会暴力伤害了市场体制，也伤害了社会秩序，最终可能瓦解人们对于公共秩序的信心，而当法律和制度都面临权威流失的时候，任何个体、组织都不会安全。

三、社会暴力的过程

社会暴力的发生是一个复杂的过程，对其突发性与危害性必须形成系统的治理行动。"风险不是我们必须单独面对的问题……简言之，有三个方面值得注意：（1）风险是社会和政治问题；（2）风险有助于对反社会和反文化背景的理解；（3）对于被治理者和社会建设者来说，风险是其众多实践和知识中的关键概念。"②

首先，社会暴力的行为过程。"在最有组织的行为到最无组织的行为之间，有一个社会行为的连续系谱，集合行为基本上就是这一系谱中较无组织的一端。集合行为的发生有许多形式，如发生自然灾害后，有时会出现群体骚乱、社会流言，尽管这些现象各不相同，但有一些共性在其中，即参与者的目标和期望相对来说不明确，社会情境模糊，社会控制机制薄弱等等。"③

从我国社会管理的视角，社会暴力形成主要遵循这样的过程：社会欲望的形成——社会施暴者的形成——暴力契约者的加入——社会暴力的蔓延——社会暴力的控制。在这样的关系链条中，社会欲望的形成值得关注。前面已经分析，人们在国家社会转型中的被剥夺感的事实催生了利益主张的强烈欲望；同时社会施暴者则在这种欲望的催生下迅速集结，并形

---

① 刘方志：《中国富人再掀移民潮"富跑跑"留下一串问号》，载《现代快报》，2010年5月30日。
② Jakob Amoldi, *Risk*：*A Introduction*, Malden：Polity Press, 2009, pp. 1-2.
③ 张咏梅：《社会学概论》，兰州大学出版社2007年版，第148页。

成破坏性的力量；暴力契约者怀着各种目的加入队伍之中，并形成社会秩序的群体性破坏；在社会暴力形成之后，在作为国家制度化机器无法运作的情况下，国家暴力机器开始介入，并重新恢复社会秩序。而从社会暴力到国家暴力，社会秩序完成了形式上的规范，但是社会暴力背后的矛盾仍然没有被解决，社会暴力仍然有着复发的内在因素。

其次，社会暴力的强化。所谓社会网的组合是指构成社会网的行动者个人或其成员社会背景的同质性。每个个体都因多种社会互动关系而形成自己的社会网络。一般来说，个体都会更多地同与自己属性相同或相近的个人或组织建立互动关系。例如对于个人来说，构成其社会网络的成员大多是与自己身份相近、地位相近、甚至包括年龄、性别相近的人，因此其社会网络中成员的同质性大于异质性。① 但是在一个社会单位中，可能同时并存众多的社会群体，当这种群体无法实现认同时，旧有的社会网络之间则可能激发冲突。2012年9月24日，富士康山西太原工厂发生大规模工人群殴事件，10万人的工厂有几千人参与其中，至少造成10人死亡。而造成这一悲剧的起因是山东与河南员工发生摩擦导致。②

基于生理角度的相似性，摩尔根在《古代社会》中强调，人类的经验差不多都是采取类似的路径而进行的；在相同的情况中人类的需要基本上是相同的；由于所有人类种族的脑髓的机能是相同的，所以人类精神的活动原则也都是相同的。③ 但是人的社会属性瓦解了人基于生物属性的基本认知，社会聚居、文化皈依、不同地域、不同身份形成较为稳定的社会网络，当社会冲突针对特定个体时，该社会网络就可能被激发，从而产生一致行动。而当这种行动突破秩序边界时，则演化为社会暴力。

第三，社会暴力的衰减。转型的社会是社会暴力的多发期，亨廷顿认

---

① 张咏梅：《社会学概论》，兰州大学出版社2007年版，第147页。
② 凤凰网：http://tech.ifeng.com/it/detail_2012_09/24/17855835_0.shtml，（访问时间：2012年9月24日）。
③ 〔美〕摩尔根：《古代社会》第1册，杨东莼译，商务印书馆1971年版，第10页。

为:"贫穷落后与动乱暴力之间表面上的联系是不真实的。政治动乱的产生,不是由于缺少现代性,而是由于试图获取现代性。如果贫穷国家不稳定,那并非是因为他们穷,而是因为他们力图致富。一个纯粹传统的社会可能会愚昧贫穷,但却是稳定的。时至20世纪中叶,所有传统社会都已成为转变中或现代化中的社会。恰恰是因为现代化已在全球蔓延,才使整个世界充满了暴力和动荡。"[1] 因此,在亨廷顿看来,现代性导致稳定,而现代化导致不稳定。

罗斯金这样解释亨廷顿的观点:"纯粹的传统社会,具有长期确立的权威模式和简单但有效的经济,它们是不太容易惹上暴力的麻烦的。人们像它们的祖先那样生活,并不期望太多。同样,现代的、先进的社会,具有理性的权威类型和生产性的经济,也极少有暴力发生。就是在两种状态之间,现代化正在冲击和颠覆传统社会,这时,暴力是最有可能发生的。"[2]

因此,人类的社会就是现代化的过程,在现代化进程的路径设置上,现代性已经成为人类社会的基本目标。而现代化进程就是人类社会逐步稳定的过程,也是社会暴力逐步衰减的过程。变革是社会暴力产生的原因,同时也是社会暴力消失的原因。只有在现代国家、现代社会、现代市场体系完全建成时,人们才会获得普遍的尊重,才会从相对剥夺感中摆脱出来,才会失去行使暴力的理由。

本章小结

社会暴力为什么产生,社会科学给出了不同的答案。从中国的历史形态来看,中国是一个社会结构高度稳定的国家,"中国历代的农民战争其

---

[1] 〔美〕塞缪尔·亨廷顿:《变革社会中的政治秩序》,李盛平等译,华夏出版社1988年版,第41页。
[2] 〔美〕迈克尔·罗斯金、罗伯特·科德、詹姆斯·梅代罗斯、沃尔特·琼斯:《政治科学》,林震等译,华夏出版社2001年版,第392—393页。

实都是'动乱',因此并不能用西方阶级斗争史的模式去硬套。事实上,循环不息的农民战争是使中国的社会越来越平均的因素。这种越来越'太平'的倾向使社会朝着更为支离破碎、一盘散沙的方向发展。于是,社会就越来越需要国家去组织它,而压在社会头上的国家也就变得越来越专制"。①

专制主义强化了国家的秩序,也损害着公民的自由,于是自由的力量与专制的力量形成剧烈的冲突,现代社会开始形成。但是现代社会形成之后,理性的力量仍然可能遭遇个人情绪的袭扰,但是理性开始成为新秩序拥护者的美德。

"美德不同于我们从善的本性,它更加高尚。秉性良好、通情达理的人和有美德的人,生活方式相同,行为相同。但是,前者只是幸运的天性所致,他们跟着理性平和地朝前走,相比之下,美德更有一种说不出的伟大和积极之处。一个天生非常平易非常友善的人不在乎别人触犯自己,他会表现得十分大度,作出值得称道的反应。但是,如果被人伤害而且触到了痛处,仍能拿起理性的武器装备自己,压制愤怒的报复心理,经过内心的激烈斗争而最终控制自己,他所做的就远远超过了前者。前者做得好,后者表现出美德;前者的行为可以称之为善,后者的行为便是德。"②

在暴力发生之后,就意味着暴力的控制。道格拉斯·诺斯指出:社会通过创制机构以支持特定的人类组织的存在,并通过对接近这些组织意图的限制与开放,从而塑造了社会秩序。这种社会秩序同样紧密依赖于社会如何限制与控制暴力。③ 社会暴力行为本身就互为条件的,中国的社会暴

---

① 孙隆基:《中国文化的"深层结构"》(上册),华岳文艺出版社 1986 年版,第 11 页。
② 〔法〕蒙田:《要生活得写意:蒙田随笔集》,杨帆译,中国国际广播出版社 2008 年版,第 205 页。
③ Douglass C. North, John Joseph Wallis, Barry R. Weingast, *Violence and Social Orders: A Conceptual Framework for Interpreting Recorded Human History*, Cambridge University Press, 2009, pp. 1-2.

力的发生固然形成了制度的破坏,但是对于社会暴力的控制却需要加以区别对待。在现有的社会暴力中,既有源自社会成长的社会运动,也有制度供给不足的社会抗争,还有击溃社会秩序的暴力犯罪,而重建秩序的背后既是政府权威的重建,也是社会获得信任的过程,否则,社会暴力既瓦解了政府制度,也瓦解了自身重建的努力。

第四章 社会暴力的极化与控制

转型的中国正在直面社会结构性变迁,这种变迁给中国的地方治理带来一定的压力。在秩序优先的前提下,追求共识、反对冲突往往成为治理主体刚性的行为目标。但是,"社会学上的共识理论假设人类生活中总是存在着许许多多的冲突,因为冲突的根源在于人的本性。假设中的'乌托邦'社会并不能从根本上解决冲突,它只不过强化了控制冲突的外在表现的社会纽带。"① 作为极端的社会冲突形式,社会暴力是如何极化的,政治学的路径分析则显得尤其重要。

第一节 社会暴力的极化路径

在罗斯金的《政治科学》中,有如下政治现象的描述:"一个国家的群众骚乱,另一个国家的恐怖爆炸,以及美国总统对其政策的调整,这些常见的事件到底是什么呢?它们都是政治的实例。它们都包含着为竞取政府权力而相互冲突的各种团体……而美国总统由于受到各方的压力,在他做出不偏不倚的政策之前正在忍受斟酌的煎熬。"② 因此,社会暴力并非政

---

① Thomas J. Bernard, *The Consensus-Conflict Debate: Form and Content in Social Theories*, New York: Columbia University Press, 1983, p.194. 转引自:〔美〕西摩·马丁·李普塞特:《共识与冲突》,张华青等译,上海人民出版社2011年版,导论。

② 〔美〕迈克尔·罗斯金、罗伯特·科德、詹姆斯·梅代罗斯、沃尔特·琼斯:《政治科学》,林震等译,华夏出版社2001年版,第3—4页。

府治理的特例，但是在特定的时间与空间里，社会暴力确实有着自身的恶化路径，并挑战着政府治理的基本能力。

一、社会暴力的区域极化

从历史上看，中国的社会共同体多在一个地方形成，当社会暴力爆发时，首先就会在当地形成一定规模的暴力蔓延。因此，社会暴力有可能首先在社区爆发，并逐步向所在城市、农村蔓延。

首先，社会暴力在社区爆发。区域原发性社会暴力往往占据社会暴力事件的重要比例。"众所周知，政治机器力量源泉之一是它根植于当地社区和邻里。政治机器不是把全体选民看做一群无组织的、一致的选民，而是出于敏锐的社会学意义上的直觉，认为选民是生活在特定地区、具有特定个人问题和个人需要的人。公共的问题是抽象而遥远的，私人的问题则是极为具体的和直接的。"[①] 人们居住的区域性特点决定了社会不满首先由居住区域发起，在国内现有的社会暴力事件中，原发性事件最容易激发当地人们的共同情感，无论是 2005 年安徽池州事件、2007 年四川大足事件、2008 年贵州瓮安事件、2009 年湖北石首事件、2011 年乌坎事件、2012 年启东事件、2013 年 6 月南宁事件等。这些事件有内在的相似性，都首先由特定局部地区爆发，然后在当地甚至更大范围得到传播。

社区中爆发的社会暴力事件往往首先形成一些爆发点，并通过这些爆发点使相邻的社区联合起来。2012 年 6 月 30 日，有少数民众在四川省什邡市政府前聚集，抗议什邡市动工建设"宏达钼铜多金属资源深加工综合利用项目"。7 月 1 日，群众首先在什邡市的亭江东路，亭江西路，小花园街，竹园北路等地逐渐聚集，最终引发社会暴力。2013 年 5 月，上海市松江大学城区一些社区居民为了抗议锂电池项目建设，形成了人群集聚并逐次扩散，因此，正是共同关切的存在，容易形成局部性的社区联合。

[①] 〔美〕罗伯特·K. 默顿：《社会理论和社会结构》，唐少杰等译，译林出版社 2006 年版，第 184 页。

其次,社会暴力呈现波状起伏的辐射性特点。美国政治学家发现:"城市居民比农村居民更有可能投票。这与城市居民比农村居民更容易去投票箱处投票有关,因为城市里相对很少的几个街区就能组成一个与农村由几百平方公里人口组成的选区相当的选举区。"① 但是与投票的地理距离形成的渐次扩散不同,在中国的社会暴力的蔓延中,城市到乡村的暴力扩散有可能迅速形成,并形成不规则的波动状态。

2012年7月28日上午,江苏省启东市部分群众由于担心王子纸业集团准备在当地修建的排污设施对民众生活产生影响,一些群众决定于上午开始游行。而政府之前发放的《告市民的一封信》却使得更多的农村居民得知此事,从而参与这一抗议活动。而在中午地方政府宣布停止该企业建设时,城区游行队伍开始离开,但是偏远的游行队伍却刚刚赶到,并激发了更大的社会暴力。示威者冲击市政府,并对市委书记、市长实施人身攻击。在2011年9月,广东省陆丰市乌坎村,由于土地问题村民与政府发生矛盾,乌坎村民围攻当地政府与派出所,一些村庄也相继加入示威与激烈冲突之中。这些社会暴力的蔓延并无严密的计划,但是仍然呈现波状起伏的辐射性特点。

第三,社会暴力有可能形成跨域蔓延。受到特定区域的社会暴力的鼓励,社会暴力有可能突破地理上的区域限制,变成跨域性、甚至全国性社会行动。例如PX项目在全国引发的社会普遍抗议就是一个典型。2007年,PX项目在厦门遭阻后,针对这一化工项目的社会抗议随着该项目的迁移而蔓延。2012年,PX项目在宁波遭阻,2013年,PX项目在昆明遭阻;在这一时期,成都、南京、青岛、漳州也发生针对PX项目的社会抗议。围绕一个项目而激发的弥漫性、集体性抗议行动在一定条件下具备了社会暴力的前提,只要助燃剂存在,社会暴力就一定产生。同样,2013年6月,因伊斯坦布尔市政府要拆除市中心塔克西姆广场边上加济小公园的

---

① 〔美〕迈克尔·罗斯金、罗伯特·科德、詹姆斯·梅代罗斯、沃尔特·琼斯:《政治科学》,林震等译,华夏出版社2001年版,第241页。

建筑，就形成了一个社会不满的助燃剂，从而引起了土耳其国内的示威活动，一周内已在全国各地发生了约300起骚乱，导致数人死亡，4000多人受伤，约2000人被捕，经济损失达上千万美元①。

社会暴力也可能突破政治学上的区域，"如果一种政治冲突的社会——文化的基础是来自于社会变化的话，那么，这种冲突本身就是这些社会变化过程同民主化、政治化和动员的过程相配对的结果。"② 由于受到政治激励，乌坎村事件在2011年12月持续发酵升级，一些政治口号也夹杂其中，从而突破了对于土地权益的维护初衷。

二、社会暴力的家族极化

聚居的华夏民族形成了中国特有的社会组织形态，事实上"中国的社会结构自古以来就有'家'和'族'。家通指家庭，是同居共财的近亲血缘团体；族的意义比较含混，有家族、宗族或氏族之别，范围各有大小，亲疏也自有远近。在传统两千年历史中，族以家族和宗族最主，不过时代不同，它们的作用也不一样"。③ 在家族的背后，仍然隐藏着深厚的宗族力量；而在现代社会的变迁过程中，社会暴力发生的区域性特点，也同时意味着这一暴力发生的家族性路径。

首先，家族性暴力的历史变化。家国同构的组织体系赋予家族在乡村治理中的部分权力；同时，农业社会的马铃薯分布状态也决定了散居的民众必须有个紧密团结的组织形态。这样的形态甚至为传统的法律所认可，如亲亲相隐："父为子隐，子为父隐，直在其中矣。"（《论语·子路》）

同居而共财的家族制度也为法律所支持，《宋刑统》中明文禁止父母与子女分开户籍："诸祖父母，父母在，而子孙别籍、异财者，徒三年。……

---

① 陈克勤：《土耳其示威抗议活动持续升级》，载《光明日报》，2013年6月9日。
② 〔瑞士〕汉斯彼得·克里西、〔德〕鲁德·库普曼斯、〔荷〕简·威廉·杜温达克、〔美〕马可·G. 朱格尼：《西欧新社会运动：比较分析》，张峰译，重庆出版社2006年版，第21页。
③ 杜正胜：《传统家族试论》，见邢义田主编：《家族与社会》，中国大百科全书出版社2005年版，第1页。

祖父母、父母令别籍，……徒二年，子、孙不坐。"① 这种制度确定，一旦本家族财产受到其他家族侵犯，家庭成员必然处于同仇敌忾的形势之下，于是在中国的乡村治理中，围绕水源、矿产的械斗从未停息过。这种械斗或发生于村庄之间、或发生于族群之间，2009年3月，仅仅由于孩子打架，海南省东方市感城镇就发生了数千群众大规模械斗、酿成一死六伤。② 家族性暴力也可能卷入民族冲突之中，2013年新疆巴楚"4·23"恐怖暴力事件中，行凶的就是一个以家族血缘为纽带的恐怖暴力团伙，受害者包括维吾尔族在内的多个民族的居民，并且施暴者与受害者平日里是生活在同一社区的乡亲，受害者断没有想到会遭遇乡亲如此杀手。③

其次，同态复仇的暴力思想。有学者认为："民间械斗表面看来似乎是民间私事，实际上是国家权力、权威、法律削弱和失控的反映。"④ 事实上，法律之所以容忍民间械斗，与早期社会盛行的复仇观念有关。复仇赋予受伤害人及其全族对伤害人及其全族进行报复的权利，这一权利为社会所承认。这在一个缺乏维持公共治安的专门机器的社会极为自然。但复仇也常引起家与家、族与族之间的大规模械斗，因而随社会的成熟，对复仇的限制也逐渐严厉。起先是限制复仇对象的范围，即所谓同态复仇；继而限制执行复仇者的范围，即所谓血属复仇；最后，随着国家权威的确立、复仇干脆被禁止，改而由国家来执行惩罚。⑤ 但是由于大传统和小传统的同时并行，民间复仇一旦失去了法律的严密控制，就仍然可能以传统的形式表现出来。

第三，家族暴力的城市延伸。伴随着工业化、城市化的进程，同居共财的理念有所扩大，在制度供给不足的情况下，这种宗族械斗又可能发生

---

① 〔宋朝〕窦仪等撰，吴翊如点校：《宋刑统》卷十二，中华书局1984年版，第192页。
② 徐迅雷：《"不作为"才"猛于虎"》，载《都市快报》，2009年3月30日。
③ 张弛：《新疆极端势力内控报告》，载《凤凰周刊》，2013年第15期。
④ 刘平：《1854—1867被遗忘的战争：咸丰同治年间广东土客大械斗研究》，商务印书馆2003年版，第249页。
⑤ 陈晓枫主编：《中国法律文化研究》，河南人民出版社1993年版，第408—409页。

在城乡之间、在村民与企业工人之间。1982年浙江省天台县水溪事件中，城乡之间的宗族械斗动用了枪支、炸药，在械斗的组织安排上，副村长被选举为城关镇溪头村械斗负责人，所有伤员的医药费由村里开支，宗族械斗，双方即使亲戚，也可以命相搏①。在一些地方，一些民工进入城市，但是宗族械斗的传统仍然被用作解决利益纠纷的重要手段。2001年9月14日，在南京市白下区，来自安徽蒙城县的两个家族性民工团伙为争运垃圾发生了激烈械斗，双方共有10多人参与械斗②。

在中国的政治传统中，专制者往往通过严刑峻法来实现国家的统治，在这种严厉的统治下，民众存在严重的不安全感，正如魏特夫在分析专制主义的恐怖统治时所言："平民面临着各种各样的问题。他们并不担心专制权力或官僚权力所固有的圈套，却担心这一权力对全体臣民的威胁。一个在征税、徭役和司法方面可以为所欲为的政权，能够不断地找平民的麻烦。谨慎告诫他们，尽量避免同政府发生任何不必要的接触。"③ 但是现代政府建立在法制与理性之上，这种制度不允许对于民众进行恐怖主义统治，因而统治者以个性化权力后退的法律形式实现对宗族性暴力行为的制裁；但是由于社会发育的不同步，地方政府对于家族性暴力的现代治理方式就可能招致家族性暴力的挑战。在现有的一些案例中就可以看出，家族性蔓延的暴力虽然尽量避免接触政府，但是由于宗族械斗的非法性，仍然难以避免地受到法律与行政制裁，从而激发起家族暴力指向政府。

三、社会暴力的阶层极化

李强教授比较了欧洲社会与当代中国的社会转型，认为二者颇有相似之处。当年的欧洲社会转型期，由于维系传统社会整合的纽带已经瓦解，

---

① 余丹茜：《械斗的故事——浙江省天台县1982年水溪事件》，载《青年研究》，2010年第4期。
② 韩东良等：《垃圾之争引发家族械斗》，载《江南时报》，2001年9月16日。
③ 〔美〕卡尔·A.魏特夫《东方专制主义》，徐式谷等译，中国社会科学出版社1989年版，第156页。

而新的社会整合机制没有建立起来,因此陷入了极端混乱的状态。同样的问题在今天的中国再次体现,而由于中国转型的时间短,问题集中,因此问题比当年的欧洲更加严重①。在社会暴力的形成中,有可能同时催生社会不同阶层的矛盾极化。

首先,贫困阶层的形成。从历史的纵向看,人类社会生活日益富足,但是由于人们以聚居的形式共同生活,因此别人的生活状况就自然而然成为自身生活水平的参照物,而相对剥夺感的出现就可能催生暴力。1970年,格尔(Ted Robert Gurr)在其著作《人们为什么要造反》中提出"相对剥夺感"(relative deprivation)概念,从而提供了一个积极的分析线索。他认为,相对剥夺感是价值预期与价值能力之间的感知差异,当社会价值能力小于人的期望能力时,相对剥夺感就会产生,这种相对剥夺感越强,实施暴力的可能性越大②。

犯罪学家也支持这样的判断,"贫困不会产生犯罪,但是因贫困而不满却会而且奇怪地足以产生犯罪,在富裕国家的相对被剥夺的人们中间比在贫困国家的真正被剥夺的人们中间更有可能因贫困而不满。部分原因是因为富裕的工业国家也非天堂;财富和各种公共设施的分配在此时此地比对永恒的解救的关注更为重要。还因为大量的宣传工具……在所有人中间激起了对奢侈豪华生活方式的欲望。"③

相对剥夺感不是社会暴力发生的唯一理由,但是这一理论对于中国改革开放以来的社会暴力的形成极具说服力。中国自改革开放以来逐步形成的阶层固化使很多底层的个体失去努力奋斗的动力,因此政府有义务为底层社会提供社会流动的机会。默顿发现,在一个其所有成员对经济富裕、权力和社会升迁表现出很大兴趣的社会里,当垂直流动的途径被关闭或收小时,政治机器及其所作所为都体现着非道德的才智对道德上界定的"失

---

① 李强:《社会分层十讲》(第二版),社会科学文献出版社2011年版,第142页。
② Ted Robert Gurr, *Why Men Rebel*, Princeton: Princeton University Press, 1970, p. 13.
③ 〔美〕露易丝·谢利:《犯罪与现代化:工业化与城市化对犯罪的影响》,何秉松译,中信出版社2002年版,第127页。

败"的胜利。而一些黑社会组织之所以能够在贫民窟中得以生长,那恰恰是因为这些政治组织和黑社会提供了个人社会流动的重要机会①。

其次,贫困阶层的身份认同。群体行动往往与身份认同相关,巨大的人口流动改变了中国人个体的身份认同。其实在家族暴力的背后,是基于地域之上的身份认同;但是在人口迁徙中,原先的身份认同的基础不存在了,人们在强势文化的压力下有可能形成自身的亚文化群体。犯罪学家也揭示出,"在20世纪60年代,英国的无赖少年和瑞典的穷小子组成了暴力低文化群……出身于较低地位的少年罪犯通常实施更严重的暴力行为。"②而2012年国内反日游行中发生的一些极端暴力案件,也从一定程度上证明了这一结论。

亚文化群体的存在并不仅仅体现在抱团取暖的身份认同上,更体现在新的社会阶层形成过程。有学者分析了20世纪70年代之前的传统社会运动与70年代之后的现代社会运动,发现它们都具有以下特征:(1)拥有一个联系个体成员、群体和组织而形成运动的非正式社会网络。(2)必须拥有一个能形成集体身份的、使运动在没有大规模活动的时期存续下去的共同信仰。(3)必须有一个共同的反对目标,使受到伤害的、不同背景的个体集结在一起从而形成运动。③

第三,新弱势阶层的社会反抗。流动的社会可以保障选择的自由,当社会流动不畅时,弱势群体成员会加强对自己所在群体的认同,要求社会对弱势群体的消极方面的评价进行重新评定,甚至会以集体行动来推翻对弱势群体不合理的政治和社会制度。④

在社会运动理论那里,有着理性选择与情感主导之区别。在社会心理

---

① 〔美〕威廉·F.怀特:《贫民窟的社会组织》,见〔美〕罗伯特·K.默顿:《社会理论和社会结构》,唐少杰等译,译林出版社2006年版,第189—190页。
② 〔美〕露易丝·谢利:《犯罪与现代化:工业化与城市化对犯罪的影响》,何秉松译,中信出版社2002年版,第121页。
③ 张晓霞:《城市新型社区治理中的权利冲突》,陕西人民出版社2008年版,第40页。
④ 廉思主编:《蚁族Ⅱ:谁的时代》,中信出版社2010年版,第286页。

学家勒庞看来,群体性行动过程便是个体理性丧失的过程。但是一些研究却表明,这样的结论未必正确,观察者发现在美国的一些骚乱中,骚乱者一方面砸商店的橱窗抢东西,但另一方面带着抢来的东西离去时仍然不忘记遵守交通规则,因此这些运动的参与者显然是有理性的①。

值得注意的是,勒庞对群体进行了划分,把群体划分为异质性群体与同质性群体。异质性群体包括无名称的群体(街头群体)和有名称的群体(陪审团与议会等);同质性群体包括派别(政治派别、宗教派别等)、身份团体(军人、僧侣、劳工等)、阶级(中产阶级、农民阶级等)②。这样的划分在静态上有着一定的价值,但是在中国的社会变迁中,弱势群体可能穿越异质性群体与同质性群体,同处于弱势地位的劳工、农民、街头群体可能结盟,并形成新的社会群体,而这种群体也可能得到其他群体诸如知识阶层的同情与支持,从而为阶层反抗提供知识支持。

四、社会暴力的心理极化

当我们分析社会暴力的时候,其实同时徘徊在理性与非理性之间,人们只是把强势的破坏与社会暴力联系起来,或者仅仅把社会暴力看做是社会运动的外部表现,但是其实社会暴力既隐藏在社会体系之中,又隐藏在人们的内心之中。正如福柯所断言,法西斯内在于每个人。无论是政府官员,还是普通民众,内心均潜藏着某种暴力倾向。当个体的暴力心理被激发之后,群体的暴力心理就将形成,并左右着群体行为的基本方向。

首先,暴力心理的个体形成。无论社会暴力发生激发多大的社会后果,但是具体实施者总是一些特定的个体。勒庞以巴士底狱监狱长的遇害分析了一个看热闹的厨师为何杀死与他素无恩怨的监狱长,暴力行为是因为其在群体情绪中内心犯罪感的剥离,"这个人,一个干完活的厨子,来

---

① 赵鼎新:《社会与政治运动讲义》(第二版),社会科学文献出版社2012年版,第67页。
② 〔法〕古斯塔夫·勒庞:《乌合之众——大众心理研究》,冯克利译,中央编译出版社2004年版,第132页。

巴士底狱的主要原因是无所事事的好奇心,他只是想来看看发生了什么。然而由于普遍的意见就是如此,于是他也相信这是一种爱国行为,甚至自以为应为杀死一个恶棍而得到一枚勋章……于是他……成功地执行了命令。"①

从个人心理的空虚状态分析个体暴力行为的发生抛弃了人类的理性色彩,但是按照福柯的观点,其实这种行为仍然是个体内心暴力行为的外在表现形式。在他们实施暴力的时候,他们坚定地认为自身行动具有崇高感,于是我们关注的是,福柯所指出的内心的恶如何蒙上了正义的外衣,并引导着暴力行为的发生。因为与暴力行为相比,个体的心理变化更加隐蔽,在动荡的社会变迁之中,人们逐渐迷失自我,而"疯狂的主题替代了死亡的主题并不标志着一种突变,而宁可说是在同样令人焦虑的问题上的一种捩转。所涉及到的问题仍然是存在的虚无性,而这种虚无性已不再被看做是一种外部的、最后的期限或被认为是一种凶兆和结局;它是一种持续不断的、永恒的存在形式的内心体验"②。

其次,个体暴力心理的群体蔓延。社会学家怀特通过对贫民窟调查后发现,失范行为的出现与发展是现行社会过程的结果而非简单的偶然流行的状况,一些个体由于其群体中的不利地位更容易发生越轨行为,这样的说明也似乎可以用作解释新的阶层形成并融入社会时的代价,"依赖于团伙的控制结构,这些对规范标准的背离得到的社会报偿是'成功'地实现了目标。但是,这些实现目标的越轨途径存在于社会体系之中。因此,越轨行为不仅影响最初卷入的个体,在某种程度上,它同样也影响那些在系统中与他们内在相连的其他个体。"③

---

① 〔法〕古斯塔夫·勒庞:《乌合之众——大众心理研究》,冯克利译,中央编译出版社2004年版,第137页。
② 〔法〕米歇尔·福柯:《癫狂与文明——理性时代的精神病史》,金筑云译,浙江人民出版社1990年版,第13页。
③ 〔美〕威廉·F.怀特:《贫民窟的社会组织》,见〔美〕罗伯特·K.默顿:《社会理论和社会结构》,唐少杰等译,译林出版社2006年版,第325页。

"群体的意见和信念尤其会因为传染,但绝不会因为推理而得到普及。面前流行于工人阶级中的学说,是他们在公共场所学到的,这是断言、重复和传染的成果。"① 在《革命心理学》中,勒庞这样写道:"今天我们在目睹执行一桩死刑时,往往会产生恻隐之情。有人由此设想,一次对那么多人处以死刑,会使人们产生一种什么样的强烈情感呢?但是,实际上人们所拥有的感觉是如此迟钝,以至对这样的场面最后见怪不怪,不以为然了,那时候母亲们带着她们的孩子去看刽子手行刑,就像今天她们带孩子去看木偶戏一样。"② 从这个意义上,社会心理学中对于暴力行为中人的理性是否存在的讨论难以截然分离,因为当暴力行为成为一种可行的、比较经济的手段时,那么这种信念就会得到传播,并成为群体中每个个体的行为选择。

第三,群体暴力心理蔓延后的无序爆发。赵鼎新教授认为,围绕社会运动与情感的关系可以得出以下命题:一个社会运动。当其组织力量很弱时,情感性行为往往会主宰该运动的发展;情感性行为在集体行为的发展过程中所起的作用,比在社会运动所起的作用更为关键;在一个公民社会发育不良的社会中,社会运动的发展往往会受情感主导③。赵鼎新教授从国家与社会的关系角度论证了公民社会存在的基本价值,无疑给社会暴力的多角度化解提供了良好的视角。正是由于上个世纪90年代以来,群体性事件父爱式的处理以及社会、经济乃至司法问题政治化的趋势,使国家背上了沉重的包袱。

当社会暴力成为一种有效的手段时,暴力心理于是有可能内化为一种思考社会问题的基本态度,仇富、仇官、地域歧视、性别歧视乃至能力歧视都会在一定程度上、一定范围内激发暴力行为。在巴士底狱里,人们除

---

① 〔法〕古斯塔夫·勒庞:《乌合之众——大众心理研究》,冯克利译,中央编译出版社2004年版,第132页。

② 〔法〕古斯塔夫·勒庞:《革命心理学》,佟德志、刘训练译,吉林人民出版社2004年版,第177页。

③ 赵鼎新:《社会与政治运动讲义》(第二版),社会科学文献出版社2012年版,第72页。

了屠杀"人民公敌",还屠杀了那些老年人、乞丐、流浪汉等"没用的人",其中包括50名12—17岁的儿童①。因此暴力一旦被激发,就无法通过制度加以控制,那些有名或无名的愤怒会被激发出来,在城市与乡村此消彼长。而当社会暴力作为这种群体性事件及其治理的最后手段时,政府及其严密的制度体系反而在日益一致的社会面前也可能同时呈现碎片化与暴力化的趋势。

在我们反思暴力极化的时候,我们仍然陷入蒂利在《集体暴力的政治》中的自我追问:(1)为什么集体暴力一波接一波——经常是一个暴力事件触动下一个暴力事件?(2)那些彼此没有彻底伤害的人如何以及为什么会迅速变成集体暴力,然后(有时是迅速地)又归于相对和平状态?(3)那些在绝对差异下一起生活多年的人们如何以及为什么开始对人和财产进行破坏性供给?(4)为什么不同政治制度会有不同水平和形式的集体暴力?(5)如何以及为什么诸如警察和士兵这些维持和平的专家,会如此经常和迅速地在暴力和非暴力行动之间进行转换?②

第二节 社会暴力的边界控制

在当代中国,社会暴力发生的原因是多样的,利益诉求、相对剥夺感的加重以及政治社会的变迁都可能催生社会暴力的发生,这也决定了社会暴力研究的逻辑困境。而更为复杂的是,社会暴力一旦形成,就可能沿着分散的管道加以蔓延与极化,从而更加大了治理的难度。我们认为,社会暴力的发生机制决定了社会暴力的极化机制,也决定了社会暴力的控制机制。社会暴力无法根本遏制,但是对于社会暴力的妥协必须存在边界,因

---

① 〔法〕古斯塔夫·勒庞:《乌合之众——大众心理研究》,冯克利译,中央编译出版社2004年版,第139—140页。
② 〔美〕查尔斯·蒂利:《集体暴力的政治》,谢岳译,上海人民出版社2006年版,第11—12页。

此现代政府就是要通过法律把那些暴力倾向遏制于理性之中，消解在制度之上。

一、从社会暴力到社会犯罪：三个视角

社会暴力的蔓延催生了更加严重的社会不满与社会对抗，作为社会暴力的一种后果，社会犯罪开始进入人们的视野。不同的学术视角给予了社会犯罪不同的解答。事实上，当我们从单一的视角注视整个社会时，社会暴力也许变得尤其简单。但是当我们从其他视角扫描社会时，社会暴力则尤其复杂。

首先，犯罪经济学的视角。在亚里士多德看来，犯罪的原因有三类：饥饿、情欲和肆意[1]。经济的匮乏成为犯罪的首要原因。但是经济差距是否和犯罪存在必然的联系，不同的学者观点并不相同。"犯罪经济学派最重要的贡献在于，它以一种计量经济学的方式来分析犯罪的成本效益，此后并由此发展出犯罪学的理性抉择学派。理性抉择犯罪学派的基本假设是，人之所以犯罪是经过理性考虑，知道犯罪所得大于犯罪惩罚，这是符合经济学对人性是自利的基本假设。"[2]

犯罪经济学解决了犯罪成本与收益的关系，在中国，学者们也多从贫穷与犯罪的关系来寻求二者之间的联系。其实贫穷与犯罪之间并无必然联系，这在中国建国以来前三十年中已经得到证明。无独有偶，布列斯怀持（Braithwaite）在分析全美193个城市从1967年至1973年的全盘犯罪率后发现，以贫穷或失业率所代表的绝对贫穷概念，不能解释重要犯罪，而采用基尼系数代表的所得分配不当，却可以解释犯罪[3]。

其次，犯罪社会学的视角。在龙勃罗梭看来，"如果说存在着一种犯罪的必然性，如果说犯罪在很大程度上取决于某种机制、教育或者外部环

---

[1] 〔古希腊〕亚里士多德：《政治学》，吴寿彭译，商务印书馆1965年版，第71页。
[2] 陈鹏忠：《转型中国农村弱势群体犯罪问题透析》，浙江大学出版社2010年版，第121页。
[3] 同上，第125页。

境，如果说犯罪一旦发展起来就难以医治，就难以遏止，那么，那种认为监狱和教育是救治犯罪的灵丹妙药的观点就的确属于幻想。"①

基尼系数背后是社会公正，当社会处于严重不公时，社会运动就会激荡，社会暴力现象也往往频发。建国以来，中国的社会沿着城乡二元结构形成而展开，根据陆学艺先生的研究，从1953到1957年，是我国二元社会结构的发育阶段，具体体现在政策构筑和组织重建上。政策构筑主要是指统购统销政策的制定和出台，而组织重建则是指合作化进程②。从此以后，中国的社会严格地划分为城市和乡村二元体制，这也给中国后来的经济社会发展带来极大的体制性压力。

上个世纪70年代末期高考制度的恢复使固化的社会结构有所松动，一部分农村社会精英通过高考步入城市，但是城市对于农村的凌越地位仍然难以打破；在上个世纪80年代，乡镇企业发展启动了初步城市化。但是这一时期的城市化仍然是不充分的：从高校招生看，由于大学招生人数的有限性，数十万的大学生难以撼动这种社会结构；乡镇工业发展带动了人口离开土地，但是在"离土不离乡"的政策要求下，中国城乡的二元分立仍然被刚性固定下来。

到了上个世纪末期，城市化发展最终跳出了乡镇化思路，大量的农民涌入城市，一些城市如深圳、苏州也迅速成为外来人口最多的城市。但是人口的流动遭遇了制度化困境，在严格的户籍制度限制下，"从农村流动到都市的大部分人是暂时的或'非官方的'迁移者，属于所谓流动人口。"③ 水一样流动着的人口与僵化的二元体制形成了巨大的落差，越是经济发达地区，这样的落差越明显。

同样的落差还体现在上个世纪80年代后期出生的、新一代的"农民"身上。这些孩子户口在农村，但是其工作在城市；或出生在城市，却无法

---

① 〔意〕龙勃罗梭：《犯罪人论》，黄风译，中国法制出版社2000年版，第327页。
② 陆学艺：《中国农村现代化道路研究》，广西人民出版社1998年版，第95页。
③ 〔澳〕杰华：《都市里的农家女：性别、流动与社会变迁》，吴小英译，江苏人民出版社2006年版，导论。

接受城市教育、卫生等其他服务的新"农民",他们由于其父辈的身份而沦为城市中的边缘人群。一些调查资料均显示:上海农民工子女的家庭社会经济地位低于上海市本地家庭,普遍为非独生子女家庭。这两个特征对农民工子女的成长与政治社会化产生了不可忽视的影响①。因此,近年的社会犯罪记录表明,当这些城市移民的第二代成长之后,对于社会的不满与抗争的欲望就会滋生。

第三,犯罪政治学的视角。"农二代"的犯罪暴露了中国的社会封闭性,这种情况在一些发展中国家也普遍存在。印度学者查特杰指出,在印度,底层民众更多是作为人口群体而非公民社会的个体而存在。安培德克尔博士在1920年讨论印度贱民所面对的代表权问题时候指出:"代表权和担任国家公职权,乃是构成公民身份的两个最重要的权利——他们(贱民)只能被贱民自己代表……一个由高级种姓成员组成的立法团体不会通过一项法律,消除不可接触限制,批准互相通婚,废除使用公共街道、公共庙宇、公共学校的禁令……这不是因为他们不能做到这些,而主要是因为他们不愿做这些。"②

无法被代表的底层民众并不仅仅来自这些农村移民,即使在城市内部,社会底层的利益诉求也需要进行制度化的表达。而当这种表达不能实现时,非制度化的利益表达就会寻求社会化的途径进行解决,其逻辑就是将个体的诉求社会化,以激烈的行动方式吸引各方面的关注,并寻求自身的利益最大化。值得注意的是,一些意见领袖参与其中,使这种制度外的利益表达方式逐步实现其预设目标。

制度外的利益表达的有效性激励了社会暴力,当这种暴力行为无法遏制时,群体性的暴力情绪就会蔓延,在这种集体行动中,意见表达者、意见领袖、搭便车者往往共同参与到这场以政府作为相对方的利益博弈之

---

① 熊易寒:《城市化的孩子:农民工子女的身份生产与政治社会化》,上海人民出版社2010年版,第82页。

② 〔印度〕帕萨·查特杰:《被治理者的政治:思索大部分世界的大众政治》,田立年译,广西师范大学出版社2007年版,第16页。

中。在这一时期，地方政府为了维持面上的稳定，有可能屈从于这种被过分渲染的社会暴力，从而付出了制度侵蚀的代价。社会暴力于是从少数人的社会失范转向多数的行动，并在社会心理层面形成了暗示。

二、社会暴力的边界控制

社会暴力的局部蔓延与极化撕毁了社会秩序，并对国家治理的稳定性提出了挑战。我国《刑法》第13条规定：一切危害国家主权、领土完整和安全，分裂国家、颠覆人民民主专政的政权和推翻社会主义制度，破坏社会秩序和经济秩序，侵犯国有财产或者劳动群众集体所有的财产，侵犯公民私人所有的财产，侵犯公民的人身权利、民主权利和其他权利，以及其他危害社会的行为，依照法律应当受刑罚处罚的，都是犯罪。因此，社会暴力的治理本身就隐含着犯罪控制的内在逻辑。

首先，社会暴力的行政控制。行政机关作为国家机关的组成部分，其首要价值就是维护公共利益和公共生活，从国家与社会关系来看，行政机关承担着管理社会、维护社会秩序的功能。作为国家以外的治理力量，社会行动有其积极意义，但是其行为的边界必须得到控制。在任何国家，完善制度与社会犯罪控制并不矛盾，也就是说，并不将社会犯罪视为制度完善的合理代价。社会冲突并不一定引发社会暴力，社会暴力并不一定演变为社会犯罪，只有对社会暴力进行必要的控制，才能给社会成长创造必要的秩序性条件。

当然，今天的中国正在处于国家和社会的双重转型时期，在利益和权力重组的过程中，社会冲突的发生有一定的合理性。但是对于中国这个拥有数千年严密治理结构的政治体系来说，稳定往往是地方善治的重要标准，于是对于地方政府来说，首要的冲动就是控制这些冲突的规模，防止社会暴力的蔓延。社会暴力的行政控制首先赋予地方政府以控制暴力蔓延的手段。在现有的手段中，本书中多次提到的维稳既是一种比较重要的原则，也是一种十分明确的政策工具。从政府管理的角度，"社会不稳定具有广泛的外溢效应，它会远远地超出具体的行为失范和社会不满而产生的影响。从大的方面讲,不稳定既是政治、经济和文化发展的结果,同时,又对它们构成挑战。受不稳定的外溢效应影响最直接的是经济领域,因为不断恶化的社会秩序会直接导致增长减速、投资减少、税收降低、消费下降等后果。"①

地方政府在维稳过程中,为了迅速使社会回归秩序,"严打"成为一段时期从中央到地方社会维稳的重要手段。有学者解释了严打对于犯罪的重要意义:"通过打击,不仅惩罚了犯罪分子的现行破坏活动,把那些极少数罪行极其严重、不杀不足以平民愤的犯罪分子,永远清除出社会,对绝大多数的犯罪分子进行教育改造,使其不再犯罪,达到特殊预防的目的;而对那些处于犯罪边缘,试图冒险进行犯罪的人是个极大的震慑,使其不敢轻举妄动,从而达到一般预防的目的。"② 因此保持政策高压,是维稳工具的主要形式。

同样,为了考核地方维稳的绩效,上级政府往往把信访作为重要的考核手段,其基本逻辑在于,如果是稳定的社会,必然少有百姓上访。但是需要指出的是,由于这种稳定控制的效果最终由上级政府而非辖区公民进行评估,政府单边治理就可能出现逻辑上的悖论:上级政府以信访数量作为地方治理效果的否定性评价指标,而基层社会更关注自身权利的维护。于是作为工具的地方政府维稳行为与社会稳定的现状有可能发生极大的分离,甚至,"维护社会稳定"成了一些热门新闻事件的官方辩解。据报道,2010年2月份金浩茶油就被查出致癌物苯并芘超标,但是消息一直没有公之于众。另一个案例就是出现蜱虫疫情的河南商城,据当地主管政法的一位乡干部说,之所以没有公开疫情,是出于维稳需要③。

同样,异化的维稳暴露了社会暴力行政控制的非理性。社会的生长本身并不简单依附国家力量,正相反,社会的力量本身成长于国家之外,并

---

① 谢岳:《维稳的政治逻辑》,清华书局2013年版,第2页。
② 贾晓谋主编:《犯罪与罪犯心理学教程》,陕西人民出版社2006年版,第108页。
③ 王慧:《79%的受调查者认为 借"维稳"名义不作为乱作为"较严重"——"'维稳'怪圈,谁的烦恼"问卷调查分析报告》,载《人民论坛》,2010年第27期。

形成对国家的权力结构性约束。因此，这种异质性的制度安排本身就存在结构性困境：如果社会能够被政府控制，那么一定是公权力对于私权的粗暴侵犯；如果公权力不能形成对私人领域的控制，那么增加再多的行政机构也难以遏制社会生长的内在动力，因此，简单以政府来控制社会秩序的制度设计存在内在缺陷。

第二，社会暴力的司法控制。"今天，人们评价某一社会法治水平或社会秩序的状况，基本依据并不在于该社会中的社会冲突发生的频度和烈度，而在于诉讼对于现实社会冲突的排解能力和效果。"① 事实上，"维稳"作为一种制度性价值追求与社会冲突的边界控制并不矛盾，没有社会秩序的相对稳定，任何社会个体的行为都可能无法自由实现，因此，维稳本身就是捍卫社会自由的司法责任。

我国的社会维稳主要分为两个阶段，从上个世纪80年代到90年代，是综合治理的第一阶段，这一时期的社会综合治理主要以打击犯罪活动为主；从上个世纪90年代开始，是司法改革的黄金年代，客观上抑制了以"严打"为主的综合治理行动。② 在强势政府的维稳前提下，司法有可能主动介入维稳之中，从而履行社会秩序的边界控制职责，但是却使司法机关沦为政府的维稳工具。

即使从惩罚的力度看，"酷刑"是否能够守住社会秩序是值得怀疑的，当公共治理借助司法干预、司法干预依赖刑法高压的时候，社会稳定的效果一定是非常负面的。因此，法律是社会冲突的底线，也是社会治理的底线。从国家权力运作的层面，司法机关和行政机关在直面国家、社会转型带来外部性治理上具有共同的责任。执行法律的司法机关是社会正义的最终守护者。但是值得关注的是，当维稳作为行政机关的重要责任时，法律也可能失去独立性。一些政府信访机关对于已经审理终结的普通案件的否定性处置表面上是为了解决社会的不满，但是却暴露了政府单边治理思维

---

① 顾培东：《社会冲突与诉讼机制》（修订版），法律出版社2004年版，第18页。
② 谢岳：《维稳的政治逻辑》，清华书局2013年版，第7页。

的膨胀，而法律被抽空反过来也将给行政机关的治理效果带来巨大的压力。在基层治理中，在我们的调研过程中发现，一些基层行政部门由于行政权力介入的"有效性"，反而激发了群众寻求行政管理的热情，一些本该通过司法机关解决的民事纠纷，也开始越来越多找行政机关进行调解，从而给基层政府以极大的行政压力。

第三，社会暴力的立法控制。社会制度有正式制度与非正式制度之分，奈特发现了制度变迁的基本理论，"构成社会基础的非正式制度产生于自发形成的过程。这些非正式的习俗和准则，通过提供有关社会行为人预期行为的相关信息，稳定了社会预期并构建了社会生活。由于这些规则是自我实施的，所以，它们的有效性取决于社会行为人在多大程度上相信遵守这些规则是符合他们自身利益的。在许多情况下，行为人的自身利益驱使它们直接违反规则，或者试图去改变规则。假若这种情况成为普遍现象，非正式制度的稳定性就会受到威胁。"[1]

但是在中国，由于现代治理结构的不足，制度建设仍然有着重要的意义，对于社会治理来说，其中一项重要的制度建设就是对于社会暴力的立法控制。正如奈特所说，引入法律与政府制度，其目的就是使人们要么关注正式制度，要么关注非正式制度。"正式制度是基于非正式的习俗和准则而设计和创立的。有的时候，正式规则的确立，是作为稳定或者改变现行的非正式规则的一种手段；而有的时候，则是为了规范某些缺乏非正式制度框架的社会互动行为。在这些正式规则中，最重要的是那些为了规范集体决策而创建的规则。某种外部实施机制的制裁，确保了人们对于正式规则的遵守。这样，随着正式制度的创立，法律和政府一起被引入到了社会生活的体系之中。"[2]

自从上个世纪80年代以来，中国的社会综合治理多通过运动式执法与跨

---

[1] 〔美〕杰克·奈特：《制度与社会冲突》，周伟林译，上海人民出版社2009年版，第178页。

[2] 同上。

部门管理加以规范,这种行政手段取得了积极的效果,也带来法制的破坏。因此社会综合治理在法律体系上是一个社会管理的法律建设过程,从宪法开始,我国的社会管理的法律体系需要重新规范国家与社会、政府与公民的关系,并制定必要的程序法与实体法,使社会管理的暴力防治有层次地进行。

第四,社会暴力的心理控制。在犯罪心理学看来,犯罪行为受到了犯罪心理的作用,犯罪意向,即行为人实施犯罪活动之前处于朦胧状态的冲动或意图,是尚未分化的、没有明确意识到的违法犯罪需要。当行为人的人格存在着明显缺陷,不良习惯业已形成后,在外界诱因刺激下,便有可能产生模糊的、没有特定指向的进行违法犯罪活动的内心冲动,从而进入了萌发犯罪意向的阶段。此时,行为人的认知、情感、意志及其人格已经发生畸变,足以克服内心的反对动机和矛盾冲突,而达到犯罪意向的内部协调。它标志着犯罪心理的初步形成——有关实施犯罪活动的多种心理因素开始组合,产生向着犯罪行为方向发展的合力。在这种情况下,只要有犯罪条件和机遇的出现,就会产生明确的犯罪动机,实施犯罪行为[①]。

人性恶的假设认为,在不受控制的情况下,人人都可能成为魔鬼。因此从个人发展的角度来看,控制人性向恶的趋势尤其重要。从社会环境来看,要关注人们暴力心理形成的负面环境,那些充斥着暴力的文学、游戏以及公共舆论领域都必须进行道德自律,斩断那些愤怒到暴力的心理路径。我们必须看到,当社会暴力成为解决内心不满的唯一手段时,任何政治组织和政治个体都不再安全。"在现代社会中,传播消息的渠道更加便捷,这使得精神的传染变得异常迅速,因此,革命的突发性不难理解。然而,一旦遇到革命的袭击,政府只能作出微弱的抵抗,这就让人感到不可思议了。它向我们表明,政府由于对自己的力量过于自信,盲目乐观,结果根本无法理解和预见革命的发生。"[②]

---

① 罗大华主编:《犯罪心理学》,中国政法大学出版社2007年版,第95页。
② 〔法〕古斯塔夫·勒庞:《革命心理学》,佟德志、刘训练译,吉林人民出版社2004年版,第27页。

第三节　社会暴力治理的技术批判

从社会学的视角，社会暴力属于越轨社会学的范畴，是社会失范的一种表现；从行政管理的视角，社会暴力是一种对社会秩序的破坏行为，必须通过完善行政管理来加以规范。在新中国建立以后，社会暴力的治理遵循着从思想层面到管理层面，从政治斗争到经济协商的过程，但是技术层面的考虑仍然存在传统思维定势。同时从社会治理的价值层面来看，任何技术型治理都是有缺陷的，社会暴力的消除必须从制度和社会成长的双重视角才能加以解决。

一、社会暴力治理的技术崇拜

政府管理在多大程度上是个技术问题？这也许是管理学背景的人们必须首先要回答的问题。马基雅维利从统治技术的角度指出，统治必须同时依靠军队与法律。这样的方法在社会暴力的治理中仍然得到充分的体现，事实上，在社会暴力的具体治理中，赎买稳定已经逐步成为一种地方政府普遍使用的手段。

首先，暴力治理手段的初步应用。社会暴力的产生往往与利益主张有关，松散的利益联盟虽然没有经过结构性改造，但是在共同的利益维护方面却显示了重要的力量。长期实行的计划经济体制使普通社会个体形成对于分配正义的渴求，政府尤其是地方政府于是承担了确保正义的责任，从而形成了正义主张和正义分配的一对关系，在这样的关系中，国家与社会的边缘地带在基层政府与底层社会之间产生。

"中国底层的维权者并非偏好暴力的方式，在几乎所有的暴力冲突事件发生之前，维权者都曾经历过漫长而又艰辛的上访和申诉过程。在他们的维权话语系统里，都会出现'依法维权'的字眼，他们列举有关政策规定以及有关领导曾经发表过的讲话，以此寻求在法律和'上级管下级'的规则范围内对问题的解决。"①

在中国边缘地带的社会反抗过程中,社会暴力就随之发生;而相应的治理形态也随之产生。与底层维权的暴力偏好相似,底层政府也拥有采取暴力治理的可能性,在基层政府治理一些案例中可以看到,社会暴力的发生往往同时伴随着治理的暴力。在社会行为失去理性之时,治理理性也可能同时丧失;一些地方政府的粗暴治理方式正是一些社会暴力事件发生的起源,而在其处置地方群体性事件时,又错误地使用警力或其他强制性力量,从而激起更大的社会反弹,从而使地方政府与社会之间的暴力摩擦难以停止,并呈现出此消彼长的一对关系:"暴力与政府之间保持着一种不稳定的关系。如果政府很软弱,平民之间的暴力就会像人口增长一样不断地爆发出来;如果政府变得很强大,类似的暴力就会下降"②。

其次,金钱赎买下的利益交换。社会暴力的频发显示了治理确定性的艰难,也显示了现代化进程中的传统治理方式的结构性代价;来自国家与社会双重暴力的交织既反映了社会成长的冲动,也为社会理性的发展埋下了隐患。在暴力治理逻辑下,暂时的社会稳定不过是政府力量压过社会力量,在这样的力量交换中,社会力量仍然保持着重新积聚的可能性,并为下一次的社会暴力迸发奠定了基础。

在中国的信访考核体制重压下,为了防止社会暴力的蔓延,地方政府往往选择金钱赎买的政策来缓解社会压力。广东廉江市财政较困难,但 2009 年仍投入 3100 多万元用于综治信访维稳,是过去 5 年投入的总和。该市领导就认为,事实证明,稳定是可以买来的③。因此在上级政府与社会基层的双重压力下,金钱购买稳定往往成为地方政府的首选,这就是所谓的"用人民币解决人民的问题"。但是在这样的赎买政策下,社会个体又开始了与政府新一轮博弈的过程。事实上,这样的博弈的负面影响并不

---

① 邢少文:《暴力事件的演变轨迹》,载《南风窗》,2011 年第 24 期。
② 〔美〕蒂利:《集体暴力的政治》,谢岳译,上海人民出版社 2006 年版,第 24 页。
③ 雷辉等:《廉江:下血本"花钱买稳定"》,载《南方日报》,2010 年 8 月 25 日。

小于社会暴力的影响。同样在金钱的赎买下,社会暴力与社会治理的合法性都大大减弱了:从政府的角度,一切社会暴力都将指向经济诉求;而从社会的角度,经济补偿可能不得不成为社会暴力的指向目标。混乱的秩序与秩序的混乱再次交织起来,社会暴力的酝酿与公共治理的退缩形成了新的治理危机。

第三,新型技术手段的交互使用。网络社会催生了多元治理手段,基于电子技术的网格化治理以公共服务无缝对接的信念被提上日程。"网格技术的发展目标,是将分散在互联网上的各类资源整合成为一台巨大的超级虚拟计算机,实现计算资源、存储资源、数据资源、通信资源、软件资源、信息资源等的全面共享,消除信息孤岛和资源孤岛,为用户方便、透明地提供包括科学计算、数据存储、信息获取、远程控制等在内的各种高性能网络服务,以最大限度地提高互联网资源的利用率。"①

相对于我国社会管理的粗放,网格化管理者相信,管理范围的相对缩小和固定,将大大减少管理的流动性和盲目性,因而从根本上改变了游击式、运动式管理,实现了由粗放管理到精细管理的转变。另外,以万米单元网格为载体,将城市的各种数据资源、信息资源、管理资源、服务资源进行整合,实现了资源共享,为城市的精细化管理提供了基础和载体②。

但是社会暴力的生成不是一蹴而就的迸发,更是长期酝酿的结果。网格化管理的思路就是用科学的方法对于社会需求进行第一时间的回应,并发现社会暴力的萌芽而加以消除。公安部2004年统计显示,劳资关系、农村征地、城市拆迁、企业改制重组、移民安置补偿等问题,是酿成群体性事件的直接原因。此外,非法集资、证券诈骗、企业法人携款外逃、国家公务人员以权压人、社会强势群体仗势欺人等,也极易引起群体性事件的形成。尤其是土地征用问题,这是近年来引发大规模群体性事件的主要诱

---

① 池忠仁、王浣尘:《网格化管理和信息距离理论——城市电子政务流程管理》,上海交通大学出版社2008年版,第42页。

② 李立明等:《公务创新:城市公共事务理论创新与实践》,科学出版社2007年版,第248页。

因之一①。而网格化管理恰恰可以密切关注相关信息的变化。

二、社会暴力治理的技术局限

无论是压力维稳、金钱赎买还是网格介入，社会暴力的治理大多建立在技术升级的基础之上。但是社会管理的难处在于，社会形态的结构变迁难以用简单的科学手段加以证明，建立在技术之上的社会治理仍然有着难以克服的理论不足。

首先，从技术层面上看，一切行政管理的活动都依赖管理技术的提高。在社会暴力的控制中，国家武装力量的强化显示了管理者对于恢复社会秩序的决心。在维稳逻辑下，综合治理意味着一切可能的技术手段的合理性。在中央提出社会管理创新之后，首先响应的就是公安机关，他们从社会秩序维护的角度，区域联动、网络信息共享等手段都先后被纳入社会管理的基本手段。但是"理性主义者认为，一切人类活动中所含有的唯一知识要素是技术知识，我称之为实践知识的东西实际上只是一种无知，如果它不是实际有害的话，可以忽略不计。对于理性主义者来说，'理性'的霸权意味着技术的霸权"②。社会暴力的触发是一个系统的结构性过程，而这样的过程控制中，仅仅着眼于技术上的提高无疑将增加纳税人的秩序费用的交付，维稳经费的快速增长已经暴露了技术层面消除社会暴力的巨大代价。

中国的历史上，人口流动一直冲击着现有的政治体制。魏晋南北朝时期的"侨州郡县"制度就是其中鲜明一例。同样从社会管理的角度，人口的大流动也使中国传统的"家国社会式"的控制体制出现缺口。在传统体制下，基层政权设置到县一级为止，地方政府对基层社会的统治，是通过由当地绅士控制的半官方的里社、保甲组织和宗族组织来实现的。但是在

---

① 沈惠章等主编：《群体性事件预防与处置》，群众出版社2009年版，第62页。
② 〔英〕迈克尔·欧克肖特：《政治中的理性主义》，张汝伦译，上海译文出版社2004年版，第11页。

中国近代，社会暴力开始突破传统的行政控制，并在城市中得到蔓延。"处于'城市化'和'近代化'过程中的晚清城市，既是大批游民寻找生路的向往、投奔之地，又是传统控制体系的薄弱环节。近代城市化过程中出现的问题远比农村复杂；作为商品集散中心的城市，具有不同于乡村的集中性、流动性以及高人口异质性；城市中人际关系的血缘因素淡薄使暴力和诉讼的调整方式增加，随着城市发展而来的交通、环境、消防、治安、市场管理等问题，已经远远超出传统体制的控制能力。与此同时，在城市环境中，传统的道德规范日益被以实际利益为规范的相互关系的准则所取代。凡此种种情形，导致城市治安日益混乱、犯罪率增加。"[①]

日益增加的人口流动瓦解了传统的社会控制，也呼唤着新型社会控制手段的出现。但是在技术水平没有提高的情况下，正如组织自我膨胀的内在规律一样，社会控制的效度必须是建立在管理者人数的增加之上。事实上，在社会不能充分生长的前提下，推行的网格化治理也同样建立在人员的增加之上。

其次，社会暴力的技术治理建立在全能政府的结构之上。基于技术层面的思考，我国逐步建立中央政府统一领导、地方和行业为管理主体的应急管理体系，从而形成纵横交错的危机处置架构。这种建立在2003年传染病防治基础上的社会暴力防范机制本身就简单地把社会事件等同于自然灾害、公共卫生甚至事故灾难，把社会暴力的发生视为国家机器技术性事件加以处理。但是由于社会是一个庞杂的动态过程，因此无视社会发展的独特性而简单等同于科学进步的外部性，并在这样的认识之上进行治理的话，那么就必须建立复杂而无所不包的模型，但是这样的模型并不存在。同样，即使是建立了行动预案，各地类似的社会暴力事件仍然反复出现就说明了技术型社会暴力治理的内在不足。

全能主义的政府观认为，只要通过技术进步，社会暴力现象就可以通

[①] 周积明、郭莹等：《震荡与冲突：中国早期现代化进程中的思潮和社会》，商务印书馆2003年版，第118页。

过技术手段加以发现、监控直到消除。而为了加强社会异常现象的控制，越来越多的技术设备将被制造出来，诸如网络阻隔技术、"天眼"等都可能被用作社会秩序的控制手段，从而再次加深了公共财政的负担。事实上，任何人都是理性有限的。全能主义的政府在理论上无法建构，在实践中也十分有害。在自由主义者看来，市场有着天然的资源配置的能力，当社会事件爆发之后，值得探究的是社会事件背后的社会结构、社会规律，而不是社会事件自身。在现象与本质之间，技术手段只能遏制社会现象即社会暴力的蔓延，而不是消除。只要社会暴力发生的社会基础存在，社会暴力就难以通过技术手段加以控制。

过分推崇技术进步事实上也难以阻止社会暴力的蔓延。由于技术的平等性，在社会暴力的蔓延中，网络传播同样催生了社会暴力的扩散。在一些地方，在社会暴力的发生初期，其传播速度并不逊于地方的官方渠道，以至于官方传播机制在一定程度上被民间传播机制牵着鼻子走。这些现象都说明，简单地依靠技术进步来遏制社会暴力是不可行的。

第三，社会暴力治理中技术官僚的能力限制。技术性治理的主体是技术性官僚，这些技术性官僚的知识基础往往是管理、工学等自然科学类，技术型官僚在社会暴力的治理过程中往往多关注社会暴力的现象并加以遏止，但是社会暴力的蔓延往往来自社会的结构性张力而非偶发的事件。因此现象的治理背后应该是系统的哲学层面的反思和政治学的考量，而这些恰恰是技术官僚所缺乏的分析能力，这样的技术模型无论多么完备，总难以实现社会暴力的根本性剔除。事实上，技术型社会治理的最大悖论在于：技术强化了国家的社会控制功能，又弱化了社会自我管理的空间。

在中国的社会管理中，技术官僚从来就扮演着重要的角色。自西周以来，学在官府，普通百姓无权学习知识，一切必须"以吏为师"，官师合一。在这样的知识垄断下，技术官僚以绝对权威统率社会。但是至春秋战国时期，学术开始繁荣，官学逐渐衰落，私学逐步兴起，教育于是冲破了"以吏为师"的局限。虽然到了秦朝，为了统制舆论，钳制思想，又在全国确立了"以吏为师"的吏师制度，但是知识垄断的时代毕竟过去了，技术官僚在道义上失去了绝对权威，社会治理面临新的挑战。

现代社会以完全不同于传统的社会形态展示于人们面前，知识的鸿沟已经打破，从专业角度，人们在知识面前的平等地位消弭了治理主体与治理对象之间的差异；而相对于日益增加的知识来说，特定技术官僚面对的是广泛的人群，基于天然的政府不信任感，社会组织日益相信自身的专业治理力量与水平。以 PM2.5 监控为例，环境监测的巨大影响力甚至远超于官方的权威数据。而"我为祖国测空气"的豪迈情怀更加证明，在日益膨胀的知识面前，技术官僚的垄断式治理路径已经壅塞。政府不是万能的，后全能政府的时代需要政府更多地下放权力。社会暴力的发生既显示了政府传统治理方式的不足，也显示了政府依然承担着国家和社会治理者的主要角色。当然现实中与此形成对照的是，社会力量在社会暴力的约束方面难有作为，于是形成无序的社会事件与有限的政府力量之间的巨大张力，一些社会暴力轻易演化成为社会犯罪行为，但是这种行为难以得到社会自身的高度关注。甚至从一定程度上说，正是无组织的社会个体以集体冷漠的姿态助长了社会暴力。

第四节　社会暴力治理的结构批判

社会暴力是社会风险爆发的一种极端形态，"风险社会理论解释了自然的终结和传统的终结这两种状态相互联系的方法，改变了科学的和政治制度的认识论和文化的地位。在风险时代，社会变成了一个实验室，没有人对实验的结果负责。私人领域的风险的制造意味着它不再被认为是与政治无关的事情。确实，在投资决策、产品开发、工厂管理和科学研究优先的领域内出现了混杂的亚政治活动的舞台。在这种情况下，传统的政治力量和工业社会的代表已经被迫退出。"① 当社会进入高风险时期,工业化催生的社会形态遭遇到了颠覆性的批判,而以工业化时代的手段来解决社会问题则陷入新的困境。

一、社会暴力化解的主体批判

现代社会是高风险社会,在这一风险化解中,既需要国家的力量,也需要社会与市场的力量。由于单边主义的治理传统,中国各级政府背负着过多的治理责任,但是在这样的治理过程中,政府治理风险的工具只有极不稳定的应急管理政策,而社会则由于居于被治理的对象层面也难有作为。

首先,暴力化解中的消极政府。应该指出的是,风险社会(Risk Society)不能简单地等同于社会危机(Social Crisis)和社会暴力。贝克的风险社会理论只是为了说明一种传统社会形态结束之后的转型社会可能面临的困境,因此仍然停留在社会哲学的层面。而社会暴力是已经发生的社会风波甚至社会动荡。社会风险需要哲学的应对,是对人类生活方式的自我反思,而社会暴力则往往需要政治学与管理学的综合应对,是对人类生活方式的更优安排。

在政府暴力管理的诸多手段之中,最常用的政府工具则是应急政策。近年来中国的社会应急管理最早体现在公共卫生突发事件的应对。2003年"非典"的爆发使中国政府首次建立了相应的社会应急体系,目前,在国家总体应急方案以下,我国各地方政府、各政府部门乃至相关单位都制订了应急处理方案,从而使我国应急管理形成相对完备的制度框架。但是总体上看,我国应急管理的公共政策仍然是迟滞的,一些应急预案并不具有可操作性,甚至存在地方预案的大量重复。比较《浙江省突发公共事件总体应急预案》和《长兴县突发公共事件总体应急预案》可以发现,两者除了在行政层级上的表述有所不同外,其余内容几乎一样。除却"编制目

---

① 〔德〕乌尔里希·贝克:《风险社会政治学》,载《马克思主义与现实》,2005年第3期。

的"等一些较为形式的内容外,仅"运行机制"这一最为关键的一块,《浙江省突发公共事件总体应急预案》共3449字,《长兴县突发公共事件总体应急预案》共3125字。后者除了"初次报告最迟不得超过2小时"与前者的"4小时"不同外,只是将前者中"省政府及其各有关部门和市、县(市)人民政府"改为"县政府及其各有关部门和乡镇政府"等。又如"监测、预测与信息报告"一项,两者只有28个字不同。由此可见,各地方在应急预案上并没有体现出地方特色,预案一定程度上成了形式主义的文件,下级政府抄袭上级政府的预案了事。

与应急管理不同的是,应急管理注重的对象是指突然发生,造成或者可能造成重大人员伤亡、财产损失、生态环境破坏和严重社会危害,危及公共安全的紧急事件。但是社会暴力的范围与这些事件既有交叉,又有不同,由于社会暴力的发生多发生在人群之间,虽然地方政府更愿意将其纳入应急管理的范畴,但是由于社会治理的复杂性,应急管理简单的程序化治理很难全面化解社会暴力的负面效果。简单地说,地方政府更愿意在抗震救灾中投入大量精力和财力,而不愿意应付社会暴力。

其次,暴力化解中的积极社会。社会暴力隐藏在风险化解的过程之中,因此无论是自然灾害、事故灾难、公共卫生还是社会安全事件,彼此之间是相通的。2013年6月3日清晨,吉林宝源丰禽业公司发生火灾,到上午10时火势基本被控制住,但现场仍有大量浓烟冒出。从德惠市米沙子镇宝源丰禽业有限公司火灾现场救援指挥部获悉,截至6月10日,共造成121人遇难,77人受伤。2013年6月4日,为了做好遇难家属的安抚工作,吉林省决定每个死者家属都成立一个工作小组。而在2013年6月3日傍晚,一队来自德惠市的工作人员已来到现场,他们此行的主要目的就是安抚情绪激动的家属,防止群体事件乃至社会暴力的发生。但是总体上看,这种暴力化解机制的形成仍然是被动而消极的。

与政府消极应急处置不同的是,我国的社会组织在危机发生时的积极行动弥补了政府治理的不足。在2008年四川地震发生后,社会捐款与救援力量的迅速到达缓解了初期救援的资金与人力的不足,也从组织上锻炼了队伍。

积极社会的应急参与正在显示巨大的持续性，而最新的一则报道说明，我国的社会力量正在倒逼政府乃至公共组织应急管理能力。据媒体报道，福耀玻璃集团董事长曹德旺获得2010年度中国"首善"称号。2010年5月，"最苛刻的慈善家"曹德旺向西南五省区灾民捐出两亿元钱的捐款，当时他向合同执行方中国扶贫基金会开出的条件，是要求其半年内必须将两亿元善款发放到近10万农户手中，差错率不得超过1%，管理费不超过3%。这无疑远低于我国《基金会管理办法》规定的最高10%的管理费比例。合同还规定，曹德旺有权对善款发放情况进行抽查，差错率如果超过1%，基金会要按超出部分的资金的30倍进行赔偿。这样"苛刻"的条件挑战了政府相关法规的"宽松"，也显示了社会力量在参与危机管理过程中的积极性与对政府的不信任感。

积极社会参与的前提是社会自身的有效动员。从社会组织的角度，由于体制内我国社会组织的半政府属性，因此这些组织本身拥有着大量的政治资源，但是这一属性仍然难以有效地整合社会力量。社会中介力量的独立性与非营利性注定了政府在发展社会组织中的权力边界。事实上，独立于政府与市场之外的第三部门的崛起本身有一个自然的发展规律，行政力量的过度干预无法使第三部门承载政府分离出来的职能。上面这一个案已经说明政府干预社会组织对于社会救助与慈善行业的负面影响。事实上"参与式民主的目标不是引起大的机构混乱，而是要求机构予以认知和作出反应，在市民社会希望管理其自身事务时加强市民社会的权力，以及使企业负起社会责任"[①]。

个体性的社会危机管理使社会风险的化解似乎有了更多的渠道，但是"美化多样性不应该使我们对某些重要的社会关系产生混乱的理解"[②]。积

---

① 〔法〕索菲·博迪-根德罗：《城市暴力的终结》，李颖、钟震宇译，社会科学文献出版社2010年版，第89页。

② 〔美〕达尔：《民主理论的前言》，顾昕、朱丹译，生活·读书·新知三联书店1999版，第107页。

极社会首先是必须得到良好整合的社会,正如达尔所说,社会变量决定着民主的程度,固化的社会结构维持了社会的非制度刚性,也催生了社会自组织的进程。而一些社会公共危机的爆发加快了社会自组织的步伐,而组织完善的社会又反过来行使着社会治理的责任。

第三,公共参与中的主体乱象。在社会危机爆发时,社会现象往往表现为一种利益冲突。因此利益政治很容易被学界关注。在戴维·B. 杜鲁门看来:"利益集团是在社会中提出特定要求,具有共同态度的集团。当它通过任何一种政府的机构提出自己的要求时,它就变成了政治利益集团。"[1] 因此,任何群体要成为政治利益集团,起码应该满足以下条件:(1) 共同利益,(2) 共同组织,(3) 共同行动,(4) 进入政府过程。

事实上拉扎斯菲尔德(Lazarsfeld)的研究表明:"与社会经济地位较高的阶层相比,较低的阶层更少可能参与组织。"而曼格斯(Mangus)和科塔姆(Cottam)在对俄亥俄州 556 个农业家庭的男女主人的调查中也得出了相似的结论:"研究表明,生活水平较低者很少积极参与、资助社区组织或在其中担任领导职务。另一方面,那些生活水平较高的家庭构成了正式集团活动中经济参与者的绝大部分……上层阶级和中产阶级的非组织化人口比例分别为 1/10 和 1/4,而下层阶级中有 2/3 的人口未参加任何组织……上层阶级中积极参与协会组织的人口比例是下层阶级的 16 倍。"[2]

因此,利益集团的活动不一定代表着其宣称的那些利益,而真正的利益表达在无法得到组织支持以后,往往通过无序的社会性事件得到整合。因此,一个良好整合的政府与无法有效整合的社会进行对话时便不难发现,与后者进行对话的成本是巨大的。社会治理沦为全政府对于社会个体的治理,庞大的政府机器与分散的社会个体成为社会暴力治理常见的乱象。当政府面临一个分散的社会时,再强大的政府也无法保持高度的统

---

[1] 〔美〕D. B. 杜鲁门:《政治过程》,陈尧译,天津人民出版社 2005 年版,第 41 页。
[2] 〔美〕E. E. 谢茨施耐德:《半主权的人民——一个现实主义者眼中的美国民主》,任军锋译,天津人民出版社 2000 年版,第 30—32 页。

一；而这种政府治理的分散化解决了特定的社会个体的问题，但是由于治理手段与目标的不一致，更多的社会个体要求相同的政策待遇，我国目前的征地补偿标准政策的混乱在很大程度上都是由于这样的不一致而导致的。更为严重的是，"在地方各种利益群体中，以私营企业主为代表的资本所有者，与地方政府之间存在着日渐其多的利益共容性。"[①] 这样的利益格局势必加深社会暴力化解之困境。

二、社会暴力化解的逻辑批判

社会暴力的形成过程也伴随着暴力治理的发生过程。在前文我们已经提及，各类应急性事件都可能激发社会暴力，但是如果这一过程是从事故灾难逐步形成社会暴力，我们关注的应该是灾难的消除还是暴力的消除？

首先，维稳先置的逻辑悖论。2013年6月3日的吉林宝源丰禽业公司发生火灾，造成巨大的人员伤亡。考虑到巨大的事故灾难及其严重后果，本次维稳工作成立了"一对一"工作小组，本次事故中成立了120多个工作小组，防止社会暴力的激发。其实这种同时成立很多安抚小组的事故处理还有"7·23"甬温动车追尾事故、江苏南钢铁水外溢事故等等。这些小组的成立有效地缓解了社会暴力萌发的可能性，但是也体现了"稳定压倒一切"的工作思路。

维稳先置的逻辑在于，在这样的巨大灾难面前，群体性的社会暴力一定会发生，已经发生的社会暴力也将迅速蔓延，并激发更多的社会暴力，从而严重影响着地方政府的治理绩效。因此为了维持社会稳定，必须首先把不稳定的因素扼杀在萌芽状态，即使这种萌芽的消除需要大量的人力、财力与物力的投入；此外，这种维稳先置的安排并不是可以复制的制度性设计，针对每一个不同的案例，需要不同的临时性安排，但是总体上不计代价的思路是贯穿始终的。

其次，维稳泛化的逻辑悖论。在一对一维稳的基础上，更多的社会不

[①] 何显明：《群体性事件的发生机理及其应急处置》，学林出版社2010年版，第93页。

稳定因素也必须得到关注。那么在单边治理的路径下，一些可能存在社会暴力的领域也可能纳入维稳的范畴。2008年，由于经济下行，广东省政府建立"维持企业稳定发展协调小组"，省长黄华华亲自担任组长，成员由省政府属下的二十多个厅局一把手组成。在这次的维稳小组中，广东省经贸委、外经贸厅、劳动保障厅以及财政厅都成为小组重点成员。省劳动保障厅启动紧急预案：对暂时无法支付工资的企业，由当地政府和有关部门筹措资金，解决拖欠工资问题。此外，对参加失业保险人士开设失业保险绿色通道，以最快时间支付失业保险待遇。泛化维稳的主要依据在于，外省劳动力进入广东人数达1908万人，约占全国跨省流动就业总数的1/3，而这些劳动力分布较为集中，其中86.2%分布在珠三角地区，从事二、三产业分别占55%和42%。[①] 也就是说，这些劳动力都已经被视为维稳的对象。

如果把所有外来劳动力都视为维稳的对象，那么这种思维定势可能会影响外来劳力的涌入，并使开放的经济大门在政府维稳的压力下得以关闭。但是事实上，社会暴力的因素可能在于市场体系的不完善，因此使企业拖欠工人工资成为常态，这样势必引起工人的不满。但是如果把维稳的重点放在工人可能的抗议上，不如放在市场体系的完善之上。因此泛化的稳定追求与潜在的暴力遏制一定要付出更多的财力和人力支持，从而加重纳税人的负担。更为怪诞的是，在维稳泛化的思维下，很多高成本的手段都被尝试使用，如网络实名制度、切断区域网络等，这些非常态的手段一旦作为常态使用，一定会弱化非常态时期的手段选择。

第三，维稳之下的制度悖论。维护社会稳定是一个系统的工程，由于政策层面几乎涵盖所有的政府部门，因此很多社会组织和网络也被纳入政策之中，或称为治安管理的一个支持部门，或作为治安管理的一个对象。这些机制中，党对社会综合治理的全面领导是一个重要的政治机制，并在

---

① 黄颖川：《广东成立省级维稳小组：民营企业扶持放首位》，搜狐新闻：http：//business.sohu.com/20081121/n260766097.shtml，（访问时间：2013年6月22日）。

这一机制之下设计了复杂的制度安排。但是这样的制度安排说明，国家仍然沿用了计划经济体制下的党对行政部门的渗透，并以举国体制捍卫社会秩序，这样一定会对市场经济与法治建设产生消极的影响[①]。

在地方实施中，对于社会暴力的防范并没有一套行之有效的紧密衔接的治理制度，综合治理办公室与维稳办公室的合署办公就说明了治安与稳定的密切关系。如广东省佛山市顺德区容桂街道综治信访维稳办公室这样规定其职能：是街道党工委、办事处主管维护稳定、社会治安综合治理、信访、司法行政工作的综合职能部门，依法行使维护稳定、社会治安综合治理、信访和司法行政管理部门的职权。办公室加挂顺德区司法局容桂街司法所牌子；街道综治信访维稳中心与办公室合署办公[②]。而北京市大兴区亦庄镇维稳办的主要职责则是：宣传和贯彻落实信访政策法规；负责群众来信来访的接待处理，调查核实群众反映的问题并及时反馈，维护和规范信访秩序；为群众提供法律政策咨询；负责全镇社会矛盾纠纷调处，协调指导各村、各单位的社会矛盾调处工作；对全镇矛盾纠纷隐患进行排查，维护社会稳定；协调处理与信访有关的突发事件等工作。负责辖区内维护稳定工作，及时全面掌握本镇政治稳定和社会安定情况，对影响稳定的重大问题进行信息核查、分析报告，提出防范处置意见；妥善协调处理影响国家安全和社会稳定的复杂问题、重大事件和群体性事件，维护地区稳定[③]。

因此不难看出，由于社会不满的上升与社会暴力的频繁发生，各地既需要一套行之有效的制度，也担心这样的制度束缚迅速安抚群众的治理效果，因此，法律与政策、司法与行政机关的对接就难以有效建立。

---

① 谢岳：《维稳的政治逻辑》，清华书局2013年版，第138页。
② 容桂街道综治信访维稳办公室主要职责。http://www.shunde.gov.cn/data/main.php?id=36464-4260117，（访问时间：2013年6月22日）。
③ 大兴区亦庄镇：http://www.dxyz.gov.cn/web/yzz/jgsz/znks/418185.htm，（访问时间：2013年6月22日）。

三、社会暴力化解的路径批判

从公共治理的角度,社会暴力的产生是社会治理的负面效果,因此化解这种负面效果首先成为地方政府的重要责任,具体从化解路径上看,社会暴力的化解主要立足于群体化解、结构化解与基础的化解。

首先,社会暴力群体的化解。社会暴力首先在群体中间发酵,个体迷失恰恰是群体暴力发酵的基础。"自觉的个性的消失,以及感情和思想转向一个不同的方向,是就要变成组织化群体的人所表现出的首要特征,但这不一定总是需要一些个人同时出现在一个地点。有时,在某种狂暴的感情……影响下,成千上万孤立的个人也会获得一个心理群体的特征。在这种情况下,一个偶然事件就足以使他们闻风而动聚集在一起,从而立刻获得群体行为特有的属性。"①

当代中国拥有着数千年的专制主义的传统,秩序的维持对于大国治理来说既有历史基础,也有现实意义。应该看到的是,不是所有的群体都一定会指向暴力,暴力群体的心里暗示需要化解。集体行动的逻辑已经揭示,并不是所有的行动参加者都会从集体行动中获益,社会暴力始终有非理性的一面,因此,如果遏制社会暴力的蔓延,首先就要遏制那种对于暴力行为的"合法性"信仰;此外,作为最大的群体组织,国家应该提供普遍的公共的利益以化解私人额外利益的获得:"国家不能够靠自愿的集资或捐款而生存下去,其原因是一个国家提供的最根本的服务,从一个重要的方面来讲,就如同一个竞争市场中较高的价格:只要有人能够得到它,那实际上每个人都能获得它。政府提供的最基本的物品和服务,如国防和治安,以及法律和规则系统,实际上是服务于国家中的每个人的。要想剥夺那些没有自愿承担政府开支的人受军队、警察和法庭保护的权利,即便

---

① 〔法〕勒庞:《乌合之众:大众心理研究》,冯克利译,中央编译出版社2004年版,第12页。

可能，也是不可行的。"①

其次，社会暴力结构的化解。"群体不善推理，却急于采取行动。它们目前的组织赋予它们巨大的力量。"② 事实上，当现代国家制度建立以后，社会群体的破坏性力量恰恰来自其无组织性。我们知道，社会组织建立在共同利益与共同理想之上，即使这种组织是"虚幻的共同体"。在利益集团形成的社会中，"行政管理者远不如代理商那样能随便行使其自由处置权，因为他们实际上处于利益集团代表的包围之中，这些代表们都想让其价值观在机关政策中占优势。"③ 但是分化的利益无法寻求集体行动，而社会的一致行动则需要共同的目标提炼和组织形态。

现代社会是公民社会，现代国家是公民国家。在现代政治的建设过程中，公民身份构成了二者的政治基础。"公民身份在历史上起源于西方社会反对中世纪秩序的政治斗争，以及在同时解放个人和社会的尝试中，基于共同体特殊权利的集体生活的碎片化。"④ 在公民社会形成过程中，公民个体的解放从心理上摆脱了对于组织盲目的依赖性，任何个体可以通过法律来直面国家；同样，现代国家也需要理性的治理方式，"如果一个政权不通过诉诸暴力手段，就能够从大多数人哪里引导出大规模的服从，那么……这个政权就是合法的。这种服从不必是全体的服从，但它一定要是广泛的、全面的。"⑤

因此，在处理国家与社会的关系时候，"以暴制暴"本身既无法形成理性国家，也无法形成理性社会。国家的治理结构应该是非暴力的；同

---

① 〔美〕奥尔森：《集体行动的逻辑》，陈郁、郭宇峰、李崇新译，上海三联书店1995年版，第12页。

② 〔法〕勒庞：《乌合之众：大众心理研究》，冯克利译，中央编译出版社2004年版，前言。

③ 〔美〕菲利克斯·A.尼格罗：《公共行政学简明教程》，郭晓来等译，中共中央党校出版社1997年版，第40页。

④ 〔英〕凯特·纳什等：《布莱克维尔政治社会学指南》，李雪、吴玉鑫、赵蔚译，浙江人民出版社2007年版，第361页。

⑤ 〔美〕罗伯特·杰克曼：《不需暴力的权力：民族国家的政治能力》，欧阳景根译，天津人民出版社2005年版，第127页。

样,社会内部的组织结构也应该是非暴力的。在剔除这些暴力因素之后,国家与社会的结构性张力才能转换成良好的制约和监督关系。

第三,社会暴力基础的化解。李普塞特在分析美国社会暴力的形成时指出:"在一个等级开放的系统中,收入悬殊引起的愤慨比起在等级森严的制度里更容易令人感觉到。"[1] 1949年以来的中国启动了平等主义的政治路径,但是在市场经济启动的时候,作为制度安排的平等主义遭遇了社会差距的极大冲击,社会冲突作为对于日益扩大的社会不满有着一定的心理基础;同时市场经济体制启动了社会崛起的步伐,从而对政府的严密治理结构产生了极大的压力,社会暴力就是这种压力的具体体现;因此从这样的逻辑上看,有效的二次分配的政策缺位可能使国家短期内无法遏制社会暴力的蔓延。如果社会暴力的背后是社会权利的主张,那么作为国家的治理者,政府就必须转换现有的治理形态,建立更加开放的政治体系。

四、社会暴力化解的结果批判

既然社会暴力会冲击既有的社会秩序,那么遏制社会暴力就应当从暴力起源、发生和结果三个方面加以进行。但是由于维稳的刚性要求,只要社会暴力没有发生,社会秩序潜在的结构性变迁就不值得关注;而一旦社会暴力发生,那么一定就是地方治理的绩效出现问题。这样的结果控制从表面上看维护了稳定,但是更大的社会不稳定也许正在酝酿。

首先,社会稳定背后的个体忽视。社会暴力的发生总与特定的个体有关。勒庞认为,"我们可以把人民分成截然不同的两种类型:第一类包括农民、商人和各种各样的工人,这些人希望得到安宁和秩序,这样的话,他们就可以安心从事自己的职业了。这一类人构成广大人民中的大多数,但这一部分人却从未想过发动一场革命。他们在默默无闻的劳作中维持生计,历史学家们常常把他们忽略。第二类包括了那些具有破坏性的社会渣

---

[1] 〔美〕西摩·马丁·李普塞特:《共识与冲突》,张华青等译,上海人民出版社2011年版,第334页。

浑，这一群人受到犯罪心理的支配，是国家动荡不安的主要根源。酗酒成性的穷困潦倒之徒、盗贼、乞丐、市井无赖、居无定所的雇工，所有这些人构成了起义队伍中最危险的群体。对惩罚的恐惧使他们中的大多数人在平时只能收敛他们的犯罪倾向，一旦当惩罚的危险消失，他们邪恶的本能就会暴露于光天化日之下，成为一帮凶犯。"[1]

如果社会暴力的化解却安抚了暴徒，那么就是对于人民的真正损害。因此，社会暴力的遏制不是对于所有社会个体的安抚，而只是对于那些受到社会伤害的个体进行安抚。维稳一对一中的利益结盟就是反面一例。当维稳这种非常态的手段成为个体牟利的工具时，那么一定会毒害社会的秩序与公共治理。

其次，社会稳定背后的制度忽视。"作为一种理论研究，政治学关注的是人们之间的关系，联系与竞争，服从与控制，不在于寻求某些产品的生产和消费，而是在于如何与同伴相处……人们在政治谈判中寻求的是权力。"[2] 在社会暴力的化解中，其最后的结果就是要建立必要的制度，把社会暴力的化解以制度化的形式加以确认。

基于社会权利的保护，我国村民自治和居民自治制度的实施为我国基层的社会自主性提供了政治空间。但是，由于传统政治秩序的钳制性，中国的公民社会的发展始终受到政府不信任感的约束。这种不信任感往往通过具体制度的设计而固定下来：语焉不详的政府对于社会自治的指导、社会组织必须挂靠政府机关或事业单位的具体规定在事实上往往使基层社会和社会组织形成对于政府实质上的依附关系，这种关系既不利于实现社会对于政府权力的转移，也不利于社会理性的培育。

第三，社会稳定背后的社会忽视。"民唯邦本，本固邦宁"，中国的政治发展和社会发展仍然将面临诸多的问题，社会暴力的滋生是一个处于快

---

[1] 〔法〕古斯塔夫·勒庞：《革命心理学》，佟德志、刘训练译，吉林人民出版社2004年版，第45页。

[2] 〔美〕哈罗德·拉斯韦尔、亚伯拉罕·卡普兰：《权力与社会》，王菲易译，上海人民出版社2012年版，第83页。

速发展中的国家无法绕开的社会现实。在这一时期,社会有可能呈现较为严重的不平等,当被抛弃感成为普遍的社会情绪时,社会暴力的蔓延就获得了普遍的心理支持。但是,应该看到的是,现代治理必须立足公民权利,立足公共物品的无差别供给,只有在这样的情况下,个体的利益诉求才难以形成群体性暴力;同时,现代治理还应当立足普遍的权力开放,国家必须为公民所获得,只有在制度化的政治参与管道建设之后,社会暴力行为的控制才不会仅仅成为政府的单边责任。

转型时期的社会失范行为往往引发激烈的治理反弹。事实上,社会冲突的背后是社会权利的生长。在制度化不足的转型期,社会冲突有可能演化为社会暴力甚至犯罪,从而引发国家与社会之间的紧张状态。异化的维稳暴露了社会暴力行政控制的非理性。社会的生长本身并不简单依附国家力量,正相反,社会的力量本身成长于国家之外,并形成对国家的权力结构性约束。因此简单以政府来控制社会秩序的制度设计存在内在缺陷。而在政府转型中,应该积极向社会放权,并在法律可控的的条件下维持社会冲突的边界控制。

本章小结

社会暴力的发生原因多样,利益诉求、相对剥夺感的加重以及政治社会的变迁都可能催生社会暴力的发生。更为复杂的是,社会暴力一旦形成,就可能沿着分散的管道加以交错蔓延,从而更加大了治理的难度。具体而言,社会暴力的极化有区域极化、家族极化、阶层极化和心理极化等四个路径,最终导致制度的瓦解。

压力维稳的理想在于,任何社会发展的边界必须在国家力量控制之内,但是"中国封建社会的历史告诉我们,人类的社会组织应该是具有足够的弹性的:一方面它内部各子系统之间要相互谐调适应;另一方面又要各自具有一定的独立性。如果高度的一体化,用政治结构与意识形态相结合的强大调节能力去控制一切领域，这样强控制的后果必然是可悲的。因为它在社会稳定时期有效地遏制了新因素的萌芽，而它在解体时又采取脆性崩溃的方式。这样的结构，是既不利于新结构的成长，又不利于社会结构进步的"。[①] 中国的社会暴力化解的逻辑悖论正在于此，当政府以维持稳定的名义进行网格化管理时，恰恰消灭了社会自我治理的萌芽，而无序的社会给政府形成更大的压力，并为暴力化解提供更大的社会负面诉求。

因此从国家的层面，社会治理意味着国家对于社会秩序的边界控制；从社会的层面，社会暴力的背后意味着社会权利的上升。在国家与社会双重转型的关键时期，社会暴力的发生与控制的背后是国家与社会权利结构的重建。因此在这样的情况下，任何建立在技术层面上的控制手段都存在边界，即使这种手段吸纳了司法工具，也可能损害制度的正义。社会暴力的化解是一个系统思考的过程，也是一个整体治理的解决方案。

[①] 金观涛、刘青峰：《兴盛与危机——论中国社会超稳定结构》，法律出版社2011年版，第222页。

第五章　社会暴力化解中的治理重建

当代中国的治理既面临来自国家与社会两个层面上的暴力压迫，也来自自身的结构性变迁。正如社会学家安东尼·吉登斯所言："对越轨行为的研究既引导我们关注社会阶层——即贫富差别——的影响，也引导我们关注社会权力。当我们考察对社会规则或规范的越轨或遵从时，我们必须牢记一个问题：谁的规则？"① 而在中国，如何规范社会暴力其实是两个层次上的问题：遏制社会暴力背后是政治权力结构的重建，而承认社会自我治理的合法性，并将其吸纳到治理主体之中，是比治理社会暴力更为深刻的问题。

第一节　治理价值的分歧与批判

"人类对于公正的追求有一个由个体公正到社会公正，再将两者有机结合的变化过程。"② 但是，由谁来保证这样追求的转换？柏拉图指出："在我看来，之所以要建立一个城邦，是因为我们每一个人不能单靠自己达到自足。"③ 自从政府诞生以来，人类对于正义的追求开始有了制度化的保证，并在社会变迁之中始终成为政府自身发展与人们评价政府的重要尺度。

---

① 〔英〕安东尼·吉登斯：《社会学》，赵旭东等译，北京大学出版社2003年版，第257页。
② 何颖：《行政伦理与社会公正》，吉林人民出版社2009年版，第3页。
③ 〔古希腊〕柏拉图：《理想国》，郭斌和、张竹明译，商务印书馆1986年版，第58页。

一、政府价值的实现：理想的政府

自从政府建立以来，何种政府才能维护政府的价值则成为政府建立的基本原则。在密尔看来，"理想上最好的政府形式就是主权作为最后手段的最高支配权属于社会整个集体的那种政府。"① 那么，这样的判断既确定了政府的价值，也确定了政府的形式。

首先，理想的政府的前提：社会自由。密尔提出了代议制政府优先地位之后，陷入了对于政府价值的沉思："在开始研究这个问题以前，似乎有必要确定什么是政府的固有职能。因为政府整个说来只是一个手段，手段的适当性必须依赖于它的目的性。"② 密尔意识到，政府其实存在着价值与手段的分离，如果不能确定政府的前提，就无法真正寻找所谓最好的政府。

作为自由主义政治思想家，密尔的《论自由》已经回答了他的政府前提，在他看来，所谓"公民自由或称社会自由，也就是要探讨社会所能合法施于个人的权力的性质和限度……自由与权威之间的斗争，远在我们所最早熟知的部分历史中，特别在希腊、罗马和英国的历史中，就是最为显著特色。但是在旧日，这个斗争乃是臣民或者某些阶级的臣民与政府之间的斗争。那时所谓自由，是指对于政治统治者的暴虐的防御"。③

因此不难看出，个体自由就是社会自由，只有在这样的前提之下，我们才有可能讨论理想政府的基本架构。正如《独立宣言》所强调："我们认为这些真理是不言而喻的：人人生而平等，造物主赋予他们某些不可转让的权利，其中包括生命权、自由权和追求幸福的权利。为了保障这些权利，所以才在人们中间成立政府。"④ 政府的目的就是为了保障公民的自由，而后者则成为评价政府正当性的唯一尺度。

---

① 〔英〕J. S. 密尔：《代议制政府》，汪瑄译，商务印书馆1982年版，第43页。
② 同上，第17页。
③ 〔英〕约翰·密尔：《论自由》，程崇华译，商务印书馆1959年版，第1页。
④ 王春来：《16—19世纪世界史文献选编》，上海辞书出版社2010年版，第38页。

其次,理想政府的组织架构:权力平等。其实早在密尔之前,自由主义大师洛克就追溯了权力来源,认为自然状态是一种平等的状态,"在这种状态中,一切权力和管辖权都是相互的,没有一个人享有多于别人的权力。"① 因此,是洛克解决了社会自由与政府管理的权力关系。

从政治学关注的主要内容看,自由意志与秩序规范难以互相并存,但是总体上看,个体的自由将伴随着社会从农业化到工业化的发展中加以确认,并直接影响国家的治理方式。"农业管理社会中的村落、基尔特和从属的宗教组织不是恐怖营。但是和恐怖营有一点相同,即它们享有某些和政治无关的自由。在某些情况下,这种自由是相当大的,可是并没有导致完全的自治。充其量它们是建立了一种乞丐式的民主。"②

当然,自由主义者也同样担心,过度的自由也可能最终使社会失去自由,"免于匮乏的自由是一切自由的具体实质。随着这种自由逐渐增大其成为现实的可能性,属于较低生产率阶段的各种自由相应地失去其先前的内容。当一个社会按照它自己的组织方式,似乎越来越指满足个人的需要时,独立思考、意志自由和政治反对权的基本的批判功能就逐渐被剥夺。这样一个社会可以正当地要求接受它的原则和制度,并把政治上的反对降低为在维持现状的范围内商讨和促进替代性政策的选择。在这方面,由某种极权主义制度还是由某种非极权主义制度来满足需要,似乎是无关紧要的。"③

第三,中国的理想政府:平均主义。传统的中国不承认人的自由和权力平等,天下观念既体现在外交,也体现于内政。家国同构的治理机制公开承认国家的私有性和权力的不平等。在中国专制主义专制体系中,众所周知,所谓君轻民贵的思想的目的也不是为了民治,而是为了更好地维护

---

① 〔英〕洛克:《政府论》(下篇),叶启芳、瞿菊农译,商务印书馆1964年版,第5页。
② 〔美〕卡尔·A. 魏特夫:《东方专制主义:对于极权力量的比较研究》,徐式谷等译,中国社会科学出版社1989年版,第123页。
③ 〔美〕赫伯特·马尔库塞:《单向度的人——发达工业社会意识形态研究》,刘继译,上海译文出版社1989年版,第3—4页。

君主专制。

当君主以家长的身份获得国家之后，子民的生活所得则完全依赖于君主的分配，因此理想的政府形态必须是那种能够实现平均主义的政府，所谓"不患寡，而患不均"。事实上，即使到了中国当代革命之后，国家治理的价值仍然体现为平均主义至上，这种平均主义在很长的时间里被视为平等，并内化为普遍的公共判断。但是必须看到，中国的平均主义即"绝对平均主义，是手工业和小农经济的产物。要求平均享有社会的一切财富，主张消灭一切差别，要求人与人之间在物质分配、政治待遇、生活条件、工作条件、文化素养、道德水平和个人需要等各方面绝对平均。平均主义表现在经济、政治、军事、文化等各方面，是给民主生命和社会主义革命与建设事业造成严重危害的反动思潮"[1]。

显然，平均主义强调结果平等而非机会平等，平均主义的价值传统在社会生活中干扰了国家治理的公正性，在许多人看来，分配不平均等于分配不公正，但是我国计划经济的失败已经证明，这二者并不能简单等同，绝对的平均主义无法促进社会正义的形成。但是为什么一些社会个体往往支持平均主义？有学者回答了这样的困惑，平均主义产生的根源应是总体性的，因此"每个人在一生中都要面对两种局面：一种是确定性；一种是不确定性。对于确定性，有一部分人，会倾向于平均主义。对于不确定性，有更多的人会倾向于平均主义，因为这是追求自身效用最大化的一条有效途径"[2]。

二、政府价值的分歧：政府的理想与理想的政府

通过前文的分析我们看到，在西方，自由主义价值观催生了平等主义；但是在中国，专制主义的价值体系则衍生了平均主义。新文化运动的

---

[1] 毛磊：《中国的平均主义》，河南人民出版社1993年版，绪论，第8页。
[2] 宋圭武：《碰撞中国社会经济问题：面子、血缘、权力》，中国经济出版社2010年版，第118页。

传播与共和主义的制度尝试打破了东西方价值观的差异，也打破了单一治理结构的理想追求。理想的政府被颠覆了，被传统和地理限制的社会价值也开始撕裂。

首先，理想政府价值认知的歧途。"公共行政理论总是努力发现公共行政的公共性的清晰的含义，因此，起码有五种方法被用来区别公共组织和私人组织。进一步的观察不难发现，这些方法建立在对公共行政的公共性两种概念上的理解：公共物品的公共性和公共利益的公共性。"①

政府的理想就是为了公共性的供给，但是在政府治理过程中，公共性的供给是为了维护政府的正当性，而作为政府治理的对象，公民社会拥有着政府价值最终评判权；但是作为公共性的提供者，政府本身也在审视自身的正当性，并形成自身的价值评价。于是同样是对于政府价值的评价，则形成了理想的政府与政府的理想两个层次，前者是公民社会对于政府价值的评价，后者则是政府价值的自我评价。政府价值评价于是出现了双重标准。

其次，政府的理想与理想的政府。"现代世界各国都有宪法，看起来都是'宪政'、'法制'国家了，其实不然。纵观当今世界各国宪法，有的是在阐述、构建一个'理想的政府'，而有些只不过是在讲述、阐述、构建'政府的理想'。至于这种'政府的理想'是否是人民的理想，则缺乏制度的保障。"②

从社会出发还是从国家出发于是成为政府价值评判的基点。从政府出发，政府管理者以哲学王的姿态充分调动其理性判断，并对社会进行规划；在这样的逻辑中，政府不但完成了自身的建设，也同时主导了社会建设；并试图以政府价值来取代社会价值。于是，政府的价值成为社会价值的尺度，而当社会价值与政府价值不符时，评价者的直觉便是社会价值体

---

① Udo Pesch, "The Publicness of Public Administration", *Administration & Society*, 2008, Vol. 40, No. 2, 170-193.

② 楚树龙、唐虹编：《政治学概论》，清华大学出版社2006年版，第127页。

系出了问题；于是政府价值往往通过政治社会化的形式加以影响社会。

当西方把政府的正当性建立在公民自由至上的时候，其实就把政府价值的评价交给了公民，作为一个共同体，政府并不仅仅体现为一种作为"虚幻共同体"的统治工具，而是一种社会理想的捍卫者。但是当把这种评价交给政府自身时，政府就就可能背离其成立的初衷，当这种评价与强权结合时，政府于是就可能成为社会之上的凌驾物，而从政府价值与社会价值上看，二者已经完全分离，政府理想实现了对于社会理想的欺凌。

第三，分歧的核心：政府价值能否自我求证？在政府价值与社会价值分离的时候，政府是否能够自我求证则成为我们分析的核心。我们同意这样的判断："政府价值不能通过自身来规定，政府的价值是通过政府与国家、政府与社会、政府自身的矛盾运动来实现的，它只是适应国家和公民需要的一种工具。"① 因此，政府不但不能规定自身的价值，也不能规定社会的价值，政治社会化的过程必须建立在社会同意的基础之上。

进而，如果政府价值已经取代了社会的价值，政府事实上就是从本质上取代了社会，政府单边治理代替了社会自我生长，整个社会由此被政府所钳制，而这正是"公民不服从"的起源。"从严格、正义的意义上讲，权威必须获得被治理者的认可或赞成才行。除非我同意，否则它无权对我的身心和财产行使权力。从极权君主制到限权君主制，从限权君主制到民主制的进步是朝着真正尊重个人的方向的进步。"②

公共治理成为政府压制与公民不服从的分裂，这无论如何也是政府发展的悲剧，在这种对抗中，政府与公民走向了治理天平的两极，价值的分离催生了行动的分立，价值的单一化导致了政治信任的缺失，公共价值于是面临重建的任务。

---

① 顾平安：《政府价值的自我求证——兼论政府机构改革的本质》，载《国家行政学院学报》，2001年第1期。

② 〔美〕亨利·大卫·梭罗：《论公民的不服从》，见董健编：《启蒙文献选编（外国卷）》，上海人民出版社2010年版，第168页。

三、社会的一致：多重利益与共同目标

现代政府体系建立在现代社会之上，但是中国的社会体系仍然有一个形成的过程。费孝通先生的研究已经说明，在乡土中国，建立在血缘伦理之上的中国社会由于无法实现充分的流动，也自然难以实现现代社会体系。在中国现代社会的形成中，恰恰是市场经济的充分发展催生了利益分化，并在社会冲突中形成了社会的整体性。

（一）利益分化与利益汇合。"人们奋斗所争取的一切，都和他们的利益有关。"① 市场经济的发展瓦解了政府对于社会的捆绑，当政府退出产品分配之后，建立在指令性控制之上的社会开始出现利益分化，而"所谓利益分化，简单地说，就是指利益结构要素产生新的差异的过程。一是社会异质性增加，即利益群体类别的增多；二是社会不平等程度的变化，即群体间差距的拉大。"②

利益分化催生着利益的汇合，这种汇合最终形成了利益集团。其实，利益集团首先产生于人们不同的利益要求。从最一般的含义看，利益集团（interest group）是由于差别而产生的，"在每个高度组织化的技术社会，各种各样不同的产业维持着生活。人们存在文化、经济、教育、种族和宗教背景上的差别。这些对人和企业的不同分类，就是利益集团的最初形式。"③ 同样在阿尔蒙德看来，利益集团只是因兴趣或利益而联系在一起，并意识到这些共同利益的人的组合。④

（二）目标的分散与组合。"行政管理者远不如代理商那样能随便行使其自由处置权，因为他们实际上处于利益集团代表的包围之中，这些代表

---

① 《马克思恩格斯全集》第1卷，人民出版社1956年版，第82页。
② 卢斌：《当代中国社会各利益群体分析》，中国经济出版社2009年版，第44页。
③ 〔美〕迈克尔·罗斯金、罗伯特·科德、詹姆斯·梅代罗斯、沃尔特·琼斯：《政治科学》，林震等译，华夏出版社2001年版，第196页。
④ 〔美〕加布里埃尔·A.阿尔蒙德等：《比较政治学：体系、过程和政策》，曹沛霖等译，上海译文出版社1987年版，第200页。

们都想让其价值观在机关政策中占优势。"① 但是分化的利益无法寻求集体行动，社会的一致行动则需要共同的目标提炼。

共同的目标建立在一致的利益之上，市场经济催生的利益多元如何形成共同目标则成为不同利益群体的首要任务。简单以经济之上的利益划分方法无法解决这样的问题，但是人类个体的多重利益诉求证明了不同人群中利益汇合点存在的可能性，正是在这样的汇合点上，形成了不同个体的相同的利益目标。于是伴随着利益形成的不同层次和不同领域，共同目标也在不同层次和不同领域中逐步形成。

分散化的目标通过社会过程加以凝聚，社会冲突理论认为，社会冲突有助于社会组织达成一致性。除此之外，社会启蒙运动也有助于中国社会的理性形成。新中国成立之后，宪法制定过程其实就是一次典型的宪政启蒙的过程。在这一过程中，公民明确了个体权利与国家建设目标的一致性，从而使国家、社会及公民都产生了巨大的生产能力。

（三）社会的一致行动。现代政府作为公共权力的行使者受利益集团的深刻影响。戴维·B.杜鲁门从动态的政府过程中给利益集团下了更为贴切的定义："利益集团是在社会中提出特定要求，具有共同态度的集团。当它通过任何一种政府的机构提出自己的要求时，它就变成了政治利益集团。"② 除了杜鲁门的定义，另外一部美国人的著作则对这一定义作了目的更加明确的限定：利益集团就是"一种具有相同目标、并积极地试图影响各级政府决策者的个人组成的有组织群体"③。从这一定义中我们可以看出，杜鲁门定义中的利益主张的对象已经从广泛群体演变为政府，这一演变的过程就是利益集团影响政府、进入政治过程的开始。事实上，分散的利益无法干预政治，也无法给政府过程以压力，从共同目标形成的角度

---

① 〔美〕菲利克斯·A.尼格罗、劳埃德·G.尼格罗：《公共行政学简明教程》，郭晓来等译，中共中央党校出版社1997年版。第40页。
② 〔美〕D.B.杜鲁门：《政治过程》，陈尧译，天津人民出版社2005年版，第41页。
③ 〔美〕施密特、谢利、巴迪斯：《美国政府与政治》，梅然译，北京大学出版社2005年版，第167页。

看，社会的一致行动也必须建立在共同利益和共同目标之上。

2012年2月18日，北京大学公民社会研究中心发布2011年度公民社会十大事件，其中广东乌坎事件以45票全票通过位列榜首。虽然乌坎事件的政治影响还很难完全形成结论，但从事件导致的农村社会自组织的现实来看，在共同的目标下，社会可以达成一致行动。以社会一致行动来实现中国底层社会的整合可能是中国社会建设中的重要课题。

四、政府的分立：单边治理与多重指向

自秦汉以来，中国的政府体系建立在专制与集权的制度之上。漫长的专制社会中，形成了严密的官僚机构与单一的地方向中央的权力依附关系，因此是严密的权力结构体系组织着全国的政府体系；同样的逻辑，也正是严密的政府结构，使中国难以出现西方意义上的地方政府。所谓的地方政府，更像是中央政府的派出机关。但是市场经济仍然在上个世纪末启动了利益地方化、部门化的进程，统一的政府体系遭遇着利益分离的结构性张力。

（一）单边治理中的价值一致。总体上看，严密的单一制政府结构确认了政府目标背后的价值一致。在中国政府史上，虽然政府变革进行了多种从功能到结构的探索，但是"为人民服务"作为治理共识很少被质疑，因此中国政府体系就是为了确保这一价值的有效贯彻而建立起来的。在中国的政府治理过程中，中央政府的行政权威必须得到保证；地方政府既对地方人大负责，也同时服从中央政府的领导。这种体制本身就隐藏着对于中央政府与地方政府之间治理价值一致性的认识。

从广义政府的视角，在政府过程中，为了维系这种价值统一，中央政府往往通过政策制定、政策执行等形式向地方政府下达：首先，中央立法机关制定全国普遍性法律、中央行政机关制定行政法规、中央政府部门制定规章以分别形成地方性法规和地方规章的上位法，从法权上确定了中央政府的领导地位；其次，地方性法律规范虽然确定了地方立法机关对于地方性规章的上位法，但是由于法律及行政法规的上位法地位，地方政府的执法权限因此有着明确的法律边界。因此，中央政府对于地方政府的权力边界有着最终的控制权。

（二）多重治理中的目标交织。从治理层次上看，我国的政府体系为双层制政府体系，即把政府体系简单地区分为中央政府与地方政府。虽然在具体表现上，地方政府又有着不同的形式划分，但是从治理形态上来说，治理结构主要划分为全国性治理和地方性治理两个方面。地方自治政府会因为观察角度不同而显示不同的意义：一种认为地方政府与居民的问题和需求很接近，所以地方政府应该具有高度的自治；另一种认为国家是拥有至高无上的统治权的政治机构，但它可以给各种附属性政治机构授权。前者往往被称之为"地方主义"，而后者可以称之为"整合主义"。①

地方主义与整合主义争论的背后是多重治理中的目标交织。首先从逻辑上看，虽然地方立法机关位居立法位阶的下级，但是地方政府的地方性目标与全国性目标之间仍然存在着内在的张力；其次从代议制中委托代理的理论分歧来看，中央与地方政府之间、不同的地方政府之间仍然存在不同的治理目标。因此试图以一种规范化的目标统驭地方治理，在认识上不合逻辑，在制度上也难以构建。

（三）政府治理的分裂。在当代中国，多重的治理目标蕴含着政府治理的碎片化。从政府体系看，中国的政府治理的碎片化既体现为纵向分权的权责不一致，也体现为横向分权的职能交叉。

从纵向来看，中央政府与地方政府的纵向分权没有明确的法律和制度基础，我国建国以来的分权与集权的循环暴露了行政性分权的不稳定性。伴随着市场经济体制的完善，中国的政府体系内单极化治理模式开始显示多元化的趋势，这些给传统的"事无大小皆决于上"的治理结构形成了压力。而在这一过渡阶段，政府组织多层次的金字塔权力结构又在一定程度上增加了分权的难度。更为严重的是，大量纵向垂直管理的政府体系使地方政府陷入政府结构的嵌套之中，而无法充分开展自主性的管理活动。

---

① 钟伟军：《地方政府学》，浙江人民出版社2009年版，第194页。

同样的逻辑也体现在横向政府组织之间。在不同的政府组织,行政权的扩张往往首先是通过自身制定的部门规章加以确认,然后这种权力蔓延又通过纵向的政府"职责同构"或垂直管理加以强化,从而形成横向组织的职能交织。我国海洋管理的困境正说明了一个简单的事实:当所有部门对同一对象进行管理时,行政成本往往有一部分是用来协调部门权力冲突而非行政管理,而协调中的行政权力恰恰无法展开有效的行政管理。

第二节 社会暴力下的治理演化

"全能主义政治曾经长期地主导着中国社会,但是,自由市场经济的改革开始逐步地打破国家垄断社会的格局。在三十多年的经济改革过程中,国家有意或无意地塑造了一个日益多元化的社会形态:社会结构变得自主和丰富多彩起来;在政治之外,人们获得了越来越多的自我组织的权利,独立行动成为可能;国家也不再雄心勃勃地试图以意识形态来支配社会,为社会生活规划远大美景,相反非官方的社会思想、价值观和信仰从社会当中迅速崛起,成为指导人们日常生活的信条。"[①] 由于国家结构的稳定性与社会结构弥散性的紧张,政治控制与社会反叛的张力于是体现出来。因此社会暴力的发生有着众多的因素,当社会不能有效生长的时候,任何因素都可能触发社会暴力的引信。社会暴力带来了社会秩序的破坏,但是社会暴力的发生也有一定的内在必然性。

一、社会暴力产生的逻辑辩护

在现有的经验性研究中,社会暴力往往多是犯罪学研究的范畴,从而把社会暴力与社会犯罪联系起来;而社会学与犯罪学对于社会暴力的理解又有所不同,前者把社会暴力看做越轨社会学的范畴,"研究犯罪和越轨

---

① 谢岳:《维稳的政治逻辑》,清华书局2013年版,第15页。

行为，我们要用到两个不同但相关的学科。犯罪学关注受刑罚制裁的行为方式。犯罪学家经常对犯罪测量的技术、犯罪率的变化趋势和针对减少社区内犯罪的政策感兴趣。越轨社会学借鉴犯罪学的研究，同时也考察超出刑法范围之外的行为。社会学家研究越轨行为是为了理解为什么某种行为会被普遍认为是越轨，以及越轨的观念如何被有区别地运用到社会成员身上"。① 但是从政治学的研究角度来看，社会暴力可能是社会发展和政治发展的一种表现形式，它在一定程度上重构了社会，也为政府治理重建提供了基础。

首先，社会暴力的交往合理性。从社会交往层面而言，西穆尔（Georg Simmel）认为，以下四种形式的社会交往（social interaction）有冲突的潜力：（1）竞争（copetetion）：互不认识的活动者持续地争夺珍贵的资源；（2）冲突（conflict）：当竞争对手认识对手方时，斗争便人格化，成为冲突；（3）应合（accommodation）：是解决冲突的一种形式。应合乃击败对手方或僵持着的结果；（4）同化（assimilation）：此乃冲突的完全解决。同化可以是把对手方完全毁灭，亦可以是使两边的歧见完全泯灭，则对手方可摈弃己见，认同对方价值，是为同化之至高境界。在这样的认识基础上，格林箫（Alan D. Grismshaw）指出，从属的群体关系正属于应属关系，这种结构是一群人强加到另一群人身上的，因此，这种结构特有的，就是社会冲突和社会暴力②。

中国社会尚处于成长初期，四种形式的社会交往方式都不同程度地存在。但是社会结构意义上的冲突并不一定导致社会暴力的发生，"在一个对冲突根本没有或有但不够充分的容忍和制度化的社会结构里，冲突易于导致机能失调。冲突导致的分裂的威胁的强度和对社会体系的公认基础的破坏程度，与这个社会结构的僵化程度有关。威胁这样一个社会结构内部

---

① 〔英〕安东尼·吉登斯：《社会学》，赵旭东等译，北京大学出版社2003年版，第257页。
② 刘创楚等：《中国社会：从不变到巨变》，香港中文大学出版社2001年版，第164页。

平衡的不是这样的冲突,而是这种僵化本身。"① 当中国超稳定的社会结构遭遇到滞后的市场经济时,僵化的社会结构越来越体现其严重的不适应性。因此现有的依附国家的社会体系必须加以变革,否则就无法胜任国家与社会双重转型的巨大使命。

其次,社会暴力的政治合理性。在美国社会学家科塞为代表的社会冲突理论看来,社会冲突具有社会整合的正功能。而为了维持社会结构,就必须建立"安全阀"制度,从而促进社会的良好秩序。"冲突,而不是崩溃成分裂,确实是一种平衡"②,社会冲突的平衡功能为政治治理的制度变迁奠定了基础。

在政治发展的过程中,社会暴力又往往构成了体制外政治变革的重要形式;在政治改良和社会转型的重要时期,社会暴力又往往破坏了政治有序发展的基本步骤。尽管存在这样的悖论,社会暴力仍然成为政治社会危机因素的释放阀,并催生着政治的民主化过程。蒂利认为,暴力行为的强度与制度的民主化有关,高强度暴力对应于低能力的非民主制度;中强度暴力对应于高能力的非民主制度和低能力的民主制度;低强度暴力对应于高能力的民主制度③。因此,社会暴力的发生也呼唤着民主制度的完善,呼唤着民主制度下的政府能力的提升。事实上民主制度的推行本身就应当建立在社会自治之上,没有充分的社会民主,就无所谓充分的国家民主。而事实上,社会治理的存量民主往往是国家治理民主的前提。

第三,社会暴力对于理性重建的倒逼。"现代性的危机表现或者说存在于这样一宗事实中:现代西方人再也不知道他想要什么——他再也不相信自己能够知道什么是好的,什么是坏的;什么是对的,什么是错的"④。在中国,上个世纪80年代启动的现代化进程也确实形成一定程度上的现代

---

① 〔美〕科塞:《社会冲突的功能》,孙立平等译,华夏出版社1989年版,第139页。
② 同上,第123页。
③ 〔美〕蒂利:《集体暴力的政治》,谢岳译,上海人民出版社2006年版,第48页。
④ 〔美〕施特劳斯:《现代性的三次浪潮》,见贺照田主编:《西方现代性的曲折与展开》,吉林人民出版社2002年版,第86页。

性危机,这种危机既然体现了社会之间、社会与政府之间高度的不信任感。因此社会暴力的出现显示了社会理性的不足;同样治理的暴力则显示政府理性的缺位,因此在社会暴力的治理过程中,国家和社会双重理性的回归成为必须面对的问题。在社会暴力事件的分析中,我们可以看出,当社会缺乏理性时,正是国家缺乏理性的时候,而双重理性的处罚既不利于现代国家的建立,也不利于现代社会的转型。因此在社会暴力发生之后,治理暴力就随之发生。

不仅是治理理性被围观,如今在论述社会暴力时,学术界也处于社会暴力之下,当学术被围观之后,学者能否守住社会暴力思考的底线则需要引起关注。如今中国的学者对于社会暴力的分析多分为两个视角,从秩序优先的角度,威权政府理论呼唤强有力的政府控制;而从自由优先的视角,无政府理论往往更值得期待,学术界对于社会暴力的暧昧态度多出自两种认识的差异性,更来自放弃价值评判的消极行动。事实上,"一种主张放弃价值裁决的政治哲学,等于主张政治制度对恶'中立'"[①]。在对社会暴力和治理暴力进行研究时,并不能简单地纵容所有的社会暴力,并将之视为国家社会进步的必然代价;正确的研究方法在于对社会暴力进行分类研究,对那些社会治安事件甚至是刑事案件的社会暴力事件,应该区别于那些因为社会正义伸张渠道不能通畅的社会风波,并在此基础上行动差异性的政府行动。

二、双重压力下的地方政府

政府的碎片化治理无法应对日益增长的社会暴力。地方政府组织法规定,地方各级人民政府对本级人民代表大会和上一级国家行政机关负责并报告工作。全国地方各级人民政府都是国务院统一领导下的国家行政机关,都服从国务院。这种双重负责的体制内在的张力正在日益增强,并有可能对社会暴力起着助推的作用。

---

① 刘小枫:《刺猬的温顺》,上海文艺出版社 2002 年版,第 205—206 页。

第五章　社会暴力化解中的治理重建

首先，社会暴力冲击下的政府结构。建国以来建立起来的权力金字塔结构主要强调纵向的授权模式，因此形成了事实上的下级政府向上级政府负责的政治模式。在赶超性社会发展中，这一带有军事命令式的政治结构便于完成相对明确的重大经济社会目标。但是在目标多元与公民意识苏醒之后，这一政治模式正在遭受社会暴力的严重冲击。

社会暴力多发生在国家社会边缘地带给地方政府增加了压力，但是由于地方政府事实上向上负责的体制，上级政府同样负有连带责任。因此要看到的是，并不仅仅是地方政府面临社会暴力的考验，上级政府乃至中央政府都面临大小不等的政治压力。于是地方政府不仅面临基层社会的权利主张，还面临上级政府维持社会稳定的权力要求。当地方政治权力和公民权利能够取得一致时，那么可能的社会暴力就会被抵消；如果二者不能取得一致，那么上级政府可能要求下级政府顺应民众的要求，修改其公共政策以满足公民的权利主张。在这一模式中，上级政府越过地方政府而与基层社会实现了和解，基层社会由于获得了上级政府的支持而更加凝聚起来，代价则是地方政府又一次失去治理合法性。

失去了合法性的地方政府在推行公共政策时将举步维艰，由于公共政策的历史承继性，当一项政策被上级政府否决之后，公共政策的逆向多米诺骨牌效应就会显现，从而显示地方政府的"管治困境"："一般来说，造成管治困境主要有两大直接因素：一个是社会不满群体的存在；一个是政府管治能力的低下。"[①] 事实上，对于地方政府来说，上级政府的政治压力也从外部强化了这种行政能力的低下，并瓦解了严密的政府体系。当底层社会基于对地方政府的不信任越级上访甚至"自首"时，他们对上级政府抱有期待，而当上级政府也无法解决这种信访中的社会矛盾时，这种不信任也自然逆向蔓延，直至中央政府。这种对于政府整体性的不信任感反过来又无助于今后社会风险的化解。

其次，整体治理的内在价值。在政府单边治理的视角下，统一的社会

[①] 于建嵘：《抗争性政治：中国政治社会学基本问题》，人民出版社2010年版，第160页。

并不存在，社会被肢解为一个个互不联系的单元。但是与整体性的政府治理已经高度碎片化不同的是，社会的生长的整体性正在加强，在特定时期，普遍性社会问题的蔓延迅速突破了地方政府的治理边界，从而形成社会对政府体系的撕裂。

我国从上世纪70年代末期改革开放以后，政府改革就陷入了一场又一场理论的争论之中，公共行政、新公共管理、新公共服务等理论似乎在一夜之间成为中国政府实践和理论研究的热门话题，当我们尚未对一种理论完全理解之后，在上个世纪90年代，整体性政府运动在新西兰等国家开始滥觞，而这些地区正是此前新公共管理运动的发源地。在吴志鹏看来："合作和整合是整体政府改革的终极价值追求。作为后新公共管理改革时期一种必然趋势，整体政府对区域一体化发展有重大的借鉴意义。"① 李瑞昌认为："变动的世界日新月异，整体性公共治理就是理论界和实务界对现实一种新的回应和动作。整体性公共治理的创新点在于从协调到整合，中国政府治理的国家中心主义趋势肯定无法改变，但是，社会参与公共治理将会是一种必然的趋势，我们可以借鉴整体性治理提倡的协调和整合方法，构造有效可行的中国治理理论模型，并指导治理实践。"②

事实上，整体政府理论并没有太多的新意，其不过是政府理论界在政府价值与政府工具之间的持续徘徊。在新公共管理过分强调公共服务供给的多元性，并最终导致治理碎片化之后，整体政府理论重新把公共服务供给的主要责任交还给政府。应该看到的是，整体政府责任的回归是对于政府关系的重新认识，一种建立在政府合作、积极回应的政府体系就可能解决中国当下的社会风险问题。

第三，整体政府对于中国秩序的重建。整体性社会治理呼唤整体性政府。在一段时期以前，比较普遍的观点认为中国的社会矛盾高发是因为处于人均GDP1000到3000美元之间。而国际经验表明，这一阶段之后，经

---

① 吴志鹏：《整体政府与区域一体化发展》，载《长春大学学报》，2008年第1期。
② 李瑞昌：《公共治理转型：整体主义复兴》，载《江苏行政学院学报》，2009年第4期。

济社会发展将迎来黄金时期。如今这一观点已经很少被提起。我们认为，在这一时期乃至其后的社会暴力的频发，恰恰说明我们没有在经济高速发展的时候着力推进整体性的社会发展和政治发展。

在社会暴力化解中，整体性社会治理也要关注那些功能性的社会冲突。在社会发展中，一些社会事件本身只是偶发的，但是在维稳的刚性指标下，这些偶发的社会事件可能被过度关注。事实上，我们更需要关注那些结构性的社会冲突，这种冲突无法以简单的刑事案件或治安事件来加以解决；我们尤其要关注那些在区域中蔓延的社会风险，这些事件的处理已经超出某一个特定地方政府的权力范围，从而演化为不同层级政府共同的治理责任。

政府治理中，社会功能性冲突也可以演变为结构性冲突，在一些城市由于治安问题而导致的人口强制迁出就有可能使功能性的社会冲突演化为结构性的社会抗争。事实上自麦迪逊以来，以流动实现自由已经成为权利学说的共识，而这种治理本身就是社会矛盾消除中的权力运作非制度化的重要投射。整体性治理既要厘清社会结构，更要厘清政府结构，以分散的政府来治理整体性的社会，或以整体性的政府来治理偶发的社会事件都可能形成治理的无效。整体性治理的根本出路就是试图在国家秩序与社会自由之间寻求一条合适的边界，这一边界既对社会有着刚性约束作用，同样也刚性制约着政府的行为。

三、暴力化解中的政策持续

在现有的暴力化解中，中国的公共政策工具显示了强势政府对于社会的全面介入，公共政策作为重要的政府工具显示了危机处理与暴力化解的基本思路。

首先，暴力化解中的政策模型。从过程视角，公共政策的模型可分为两种：渐进模型与理性模型。"渐进模型的基本思想强调行政决策中的保守倾向。它认为，新的政策被视为旧有政策的变种。公共政策的制定者既没有能力，也没有时间和资金去制订焕然一新的政策……理性模型力图了解社会中现存的所有价值取向,给每种价值取向定出一个权数,找出所有可能的政策选择,判断每种政策选择会如何影响其他选择的机会成本,最终选择社会价值的成本效益最高的政策。"①

我国的暴力治理中的公共政策正显示了二者的融合。在暴力化解中,任何一个政府治理形态都有一个适应的过程,尤其是在现代政府制度尚未建立时,这一模型的建立往往有一个渐进的过程,而这种渐进也可能被理解为非理性模型的具体表现。我国的传统的公共危机管理多借助于政治动员等传统政治手段,这一手段现在也多为各级政府所采用。政治动员的手段在公共资源有限的条件下往往能够迅速解决资源和能力汇聚难题,但是这一手段的滥用也终将摧毁任何危机处理制度化的细致努力,并最终无助公共危机管理常态化机制及理性模型的建立。

其次,暴力化解中的政策一体与分解。长期以来,我国的社会管理就是政府的分内事务,因此暴力化解就是政府重新维持一体化治理的价值目标。在这样的思维定势下,公共政策在社会暴力化解中是纵向分解的。由于我国的地方政府扮演着中央政府的派出机构角色,这种纵向的政策一体化在一定程度上可以形成。

市场经济体制的形成催生了领域的分离,一体化的政策努力往往无视社会治理诸多力量的存在。在市场经济体系下,市场治理和社会治理的最大优势在于二者拥有自我修复的能力,但前提是自主的社会必须能够建立。也只有在这样的前提下,暴力化解才可以分为政府行为、社会行为甚至市场行为。

台湾学者张世贤先生认为可以从两个方面强化理解库恩的"范式":一为研究的所在(locus),二为研究的重点(focus)②。政府、社会和市场治理并不能简单地分离,市场危机同样可以引起社会危机乃至政治危机,正在席卷全球的国际金融危机和中东政治动荡说明了这种危机其影响的广

---

① 〔美〕尼古拉斯·亨利:《公共行政学》,项龙译,华夏出版社2002年版,第299页。
② 林水波等:《公共政策》,台北:五南图书出版股份有限公司2006年版,第4—5页。

度和深度。因此,我们在处理经济风险时,就不能仅仅把它看做是某一种风险而进行简单应对,而是需要多元的治理的融合。这就决定了公共政策在目标一致的情况下必须实施政策分解。

遗憾的是,我国政府在暴力化解中无法释放这种多元化的公共政策,而正好相反,当风险出现时,政府的政策冲动首先就是风险的定性,并赋予自我以无穷责任。维稳政策的致命缺陷就是政府自我捆绑,把所有的市场风险和社会风险都视为政治风险,从而继续以一体化的思维方式,伴以压力机制维持社会和市场、政府体系的外部一致性,而这种压力机制的根本缺陷在于其根本无法分清研究所在与研究重点之区别。

第三,暴力化解中的政策包容与治理持续。"任何危机的存在,必然内蕴着发展的契机。现代性存在自我颠覆的因子,危机的治理恰恰表明了社会具有自我批判的力量。"[1] 单边治理的困境在于暴力化解中的政府因素过于强大,削弱了社会的自我治理的能力。因此,我们的社会暴力化解政策其实仍然是政府的行政管理的社会延伸,而非社会治理的自我生长。而当前一些社会暴力事件的发生,本身并不能简单地视为行政管理的削弱,而应该看做社会力量崛起过程中的政府与社会紧张状态。

在暴力化解中,政府机关首先要分清政府与社会治理的边界,如果社会风险属于社会生长的必要代价,那么公共政策的出台应当具有包容性。当社会力量积聚时,往往是社会自组织并重新分化的时期,如果政府使用强力进行秩序整合,那么社会就可能失去自我分化重新整合的契机,而形成统一对抗政府的联合体。事实上,利益集团理论已经证明,在没有外力的情况下,利益集团会形成自身的组织,而不是肆意鼓噪自身的力量;只有当利益集团真正代表特定利益时,政府治理才能显示其职能的边界与社会政策的针对性。

从中国治理的结构性矛盾看,社会暴力无法简单化解。而中国政府暴力化解的逻辑转换应该是实现政府职能的后退,从具体的微观社会控制转

---

[1] 蔡志强:《社会危机治理:价值变迁与治理成长》,上海人民出版社 2006 年版,第 9 页。

向宏观的社会治理,并从社会治理的宏观视角提供社会生长的制度环境,这样才能着眼长远的国家和社会发展。而只有建立这样宽松包容的公共政策,才能实现政府社会治理的持续。

四、暴力化解中的关系型塑

转型中国的政府体系面临着治理碎片化的困境,社会的自组织也遭遇较大的制度压力。如果中国的国家社会难以形成一致的社会目标,那么整体性的治理体系就难以建立。因此转型期的公共治理需要重新理解国家与社会的关系。

(一)政府与社会关系的逻辑起点:公民身份。"公民身份在历史上起源于西方社会反对中世纪秩序的政治斗争,以及在同时解放个人和社会的尝试中,基于共同体特殊权利的集体生活的碎片化。"① 在公民社会的形成过程中,公民的身份认同形成了公民社会的前提。在马歇尔看来,公民身份实质上是一项有关平等的原则,他认为公民身份主要由三个要素所组成,即公民的要素、政治的要素和社会的要素,并分别对应于三种不同的权利:公民权利、政治权利和社会权利。从历史阶段看,公民权利主要发展于18世纪,与法院相对应;政治权利主要发展于19世纪,与国会和地方议会相对应;社会权利主要发展于20世纪,与教育体制和社会公共服务体系相对应。②

公民身份提供了当代中国政府与社会关系全面重建的逻辑基础。从中国政治发展进程中的宪法制定、市场开放和社会建设来看,公民权利、政治权利和社会权利基本上是同步建设的,并且延续至今。因此,现代国家虽然与社会处于领域分离状态,但是国家与社会都拥有公民身份这一正当性基础,即国家是公民的国家,社会是公民的社会,分离的国家与社会在

---

① 〔英〕凯特·纳什等:《布莱克维尔政治社会学指南》,李雪、吴玉鑫、赵蔚译,浙江人民出版社2007年版,第361页。
② 〔英〕T. H. 马歇尔、安东尼·吉登斯等:《公民身份与社会阶级》,郭忠华、刘训练编,江苏人民出版社2008年版,第10—11页。

公民这个环节上得到了连接。

（二）公民权利、社会与国家的静态张力。霍布斯在《论公民》中指出，公民社会开始于人类相互恐惧，因此人要互相陪伴以实现自身的权利，这是自然法赋予人类的自由："不与正确的理性相悖，就是按照正义和权利去行事的。'权利'这个词确切的含义是每个人都有按照正确的理性去运用他的自然能力的自由。"[①]

虽然从科学主义的角度看，过于复杂的社会难以完全把握，但是从静态的角度看，公民国家却与社会整体之间确实存在着静态张力。由于公民社会仅仅提供了身份的认同，而无法直接供给公共服务，因此，公民的权利实现最终仍然需要国家加以确认。但是"权利，尤其是经济权利，不应仅仅被看做资源依赖型的社会福利和社会保险规划。当①在特定的组织或惯例中形成不公平的或排外的结构，威胁权利的有效享有以及②个体不能轻易地通过可为其所用的经济的和政治的活动的正常形式质疑这一特权的堡垒时，权利主张就与特定的社会组织或社会实践领域发生冲突。"[②] 公民的权利既来自国家的保障，也来自社会的主张。但是前提在于国家和社会必须同时为公民所拥有。当国家异化于社会之时，公民的权利主张就很难在国家层面得到自然实现，而社会作为公民权利的直接保障者，形成了对于国家的监督性力量。

（三）公民权利、社会与国家的动态张力。当代中国处于快速的国家、社会双重转型期，政府变迁与社会整合已经成为这一时期的国家与社会重要特征。从国家层面上看，传统的政府管理体制在公民权利保护方面已有不足，这是因为，国家治理必须以多层政府体系共同完成，但是，分层次的政府有可能执行不同的公共政策，而当这种政策的不同落实到具体的权利保护时，就容易激发公民社会的不满，从而形成过密治理与社会激情的

---

① 〔英〕霍布斯：《论公民》，应星、冯克利译，贵州人民出版社2003年版，第7页。
② 〔美〕罗伯特·M.昂格尔：《被实现的民主——渐进性备选方案》，刘小平等译，中国政法大学出版社2007年版，第249—250页。

巨大张力。

与之相对的是，正是基于权利保护的视角，纷乱的社会正在形成聚集。群体性事件的蔓延说明了在公民个体权利保护上，社会有可能形成集体性力量，并给当代中国的地方治理形成巨大压力，在日益形成一致的社会面前，不同层面的政府却形成不同的政策主张或声音，各个单一政府于是就成为了弱者，并透支了政府信用。

在民主实验主义看来，"一个警醒的和有组织的市民社会对于民主实验主义的进步是必不可少的。一个紊乱的社会不能产生可供选择的未来或按照它们来行动。"① 当社会形成一致时，就必然以公民权利的保护作为武器倒逼中国的政府变革，这就是当代中国"抗争性政治"的主要逻辑。但是应该看到的是，社会的组织化既是社会自身发展的基本趋势，也是形成公平对话的基础；只有对话建立在国家与社会的平等基础上，公共治理才能真正获得社会的支持，而这种支持仍然建立在公民的权利保护之上。

第三节　全面治理中的价值重建

从表面上看，政府管理的单边性强化了公共价值与社会价值的分离，并形成政府的理想与理想的政府内在分裂之前提。事实上，这种价值分离也是公共生活重建的基础。从行政哲学的普遍性意义看，在特定国家的特定时期，政府价值与社会的价值并无二致，这就形成了公共价值的统一性。因此政府价值无法通过街头官僚或政府机构自身完成自证，只有社会才有权以价值的吻合度来证明政府管理的正当性与有效性。也只有这样，才能真正有助于社会怨恨的化解。

---

① 〔美〕罗伯特·M.昂格尔：《被实现的民主——渐进性备选方案》，刘小平等译，中国政法大学出版社 2007 年版，第 250 页。

一、公共生活中的公共理想

有限理性理论不仅仅指向政府单边治理的不足，也说明无政府主义的缺陷。对于拥有着数千年专制主义传统和启动市场经济仅仅三十年的国家来说，秩序与自由、技术与价值的理论争鸣并不仅仅停留在我国的学术层面，也同样内化在社会个体的行为选择之中。在秩序优先的制度设计下，公民的自由选择往往并不得到充分尊重，社会必须在单一的价值下前行，从而导致持非主流价值者的不满，社会按照价值观的差异出现分化。而公共生活的基本逻辑正在于，任何一种价值观都无法凌越公共价值之上，因为公共价值正是政府产生的原初动力。

首先，个体价值的多元性。在心理学家亚伯拉罕·马斯洛（Abraham Maslow）那里，人们的需求被区分为五个层次，"马斯洛认为我们同时会有多种需求，但行为总被最不满足的需求所激励。当人们满足了低层次的需求时，高一层次的需求就成为主要的动机。这就是所谓的满足前进过程。"[①] 由于社会发展的不同阶段，对于每个个体来说，都有不同层次的追求，马斯洛需求层次理论在我们今天的分析中尤其有着重要的意义，在复杂多变的社会中，每个个体都同时面临多重价值，公共生活就是不同价值体系的整合和交换，并形成比较普遍接受的社会性价值判断。

勒庞不承认群体中的理性存在，"不言自明，一些人偶然发现他们彼此站在一起，仅仅这个事实，并不能使他们获得一个组织化群体的特点。一千个偶然聚集在公共场所的人，没有任何明确的目标，从心理学意义上说，根本不能算是一个群体。"[②] 但是行为主义政治学侧重分析了社会个体的政治价值，也同时观照了集体行动中的团体价值取向，在这样的分析框架中，群体活动并非没有灵魂，个体的价值通过交换与聚合完全可能形成

---

① 〔美〕史蒂文·L.麦克沙恩、玛丽·安·冯·格里诺：《组织行为学》，井润田、王冰洁、赵卫东译，机械工业出版社2007年版，第101页。

② 〔法〕古斯塔夫·勒庞：《乌合之众：大众心理研究》，冯克利译，中央编译出版社2004年版，第12页。

比较一致的意见，仅仅把群体视为乌合之众有着结构上的不足。

其次，个体价值与政府价值的连接。在建国以来的较长时间内，人们在相对稳定的社会体系中工作生活，社会环境相对稳定，人们在自己的相对可控的组织中确定自我实现的人生目标，并以自身的发展目标与组织的目标相吻合度来衡量自身价值实现的基本路径。但是从传统到现代的转变意味着"价值的颠覆"，建立在传统社会中的社会单位瓦解了，个体的自我实现的路径开始变得无法确定。

同样，政府的政策也依托个体的角色予以实施，李普斯基在《街头官僚：公共服务中个人的困惑》中，呼吁基层公务员必须拥有足够的自由裁量权："街头官僚在两个方面制定政策，一方面，在面对其交往的公民那里，他必须有宽泛的裁量权；其次，同时需要关注的是，他们的个体行为构成了行政行为。"① 因此，我们发现，在国家与社会的两端，仍然是个体的公务员和民众的联系。这样的联系给我们一定的启发，作为个体的基层官僚与作为管理对象的公民个体之间并不冲突，在具体的行政活动中，政府与公民完全可以通过价值的交换形成共识，而这些就为公共价值的建立奠定基础。

第三，公共生活中的公共理想治理理论打通了治理主体与客体的关系，个人开始成为治理的主体和目标。在这样的前提下，政府理想与理想的政府都不再成为治理关注的焦点，理想的治理建立在理想的国家与社会关系之上，建立在政府与社会的自足之上。

在公共生活中，其实在政府与社会之间存在着共同的治理目标，罗尔斯强调："公共理性是一个民主国家的基本特征。它是公民的理性，是那些共享平等公民身份的人的理性。他们的理性目标是公共善，此乃政治正义观念对社会之基本制度结构的要求所在，也是这些制度所服务的目标和

---

① Michael Lipsky, *Street-level Bureaucracy: Dilemmas of the individual in public services*, New York: Russell Sage Foundation, 2010, p.13.

目的所在。"① 对于这些公共善实现的路径来说，罗尔斯强调自律的积极价值："在恰当解释的自由主义中，公共自律与私人自律都是共源的和具有平等价值的。"② 因此，我们可以看出，在实现公共价值的路径中，公共治理与个人自身本身并没有矛盾，而正是在公共治理中，依靠公共生活实现了政府价值与社会价值的合一。

二、政治宽容与政府理性

由于社会转型的加快，诸多的社会怨恨积压、沉淀、酝酿和反弹，社会阶层处于严重的不信任状态之中，社会不同阶层的对立加剧损害了公共秩序的持续稳定。更为严重的是，在特定区域，社会怨恨的蔓延最终将单向行动的目标指向了一些地方政府，而地方政府为了恢复秩序有可能使用非常手段，这些手段的行使又往往加重了弥漫性的社会怨恨，从而使政府处于更大的社会对立面，从而使弥漫的社会怨恨聚集起来，给政府治理带来巨大的压力。

（一）社会怨恨与政治发展的悖论。难以想象社会的发展始终是平静的，无产阶级经典理论家并不否认社会运动对于政治发展的积极意义，但是历史意义上的社会运动并不能简单地运用到具体时期的社会治理中来，社会怨恨也将在一定程度上摧毁现代治理的积极努力。

1. 社会怨恨、集体行动及其历史贡献。无产阶级理论导师充分肯定社会运动的积极意义，承认在社会历史发展的舞台上，社会运动往往起着重要的推动作用。从社会运动的规模上看，基于社会怨恨的集体行动将深刻影响社会主体的政治参与过程，并对社会政治发展起着基础性作用。

不同的价值导向、不同的利益诉求催生了不同的社会行动，而社会怨恨往往成为组织化行动的前提。科塞分析了社会对立对于社会结构的巨大

---

① 〔美〕约翰·罗尔斯：《政治自由主义》，万俊人译，译林出版社2000年版，第225页。
② 〔美〕约翰·罗尔斯：《政治自由主义：批评与辩护》，万俊人译，广东人民出版社2003年版，第94页。

影响:"冲突有助于建立和维持社会或群体的身份和边界线。与外群体的冲突,可以对群体身份的建立和重新肯定作出贡献,并维持它与周围社会环境的界限……在可以提供大量流动机会的社会结构中,上等阶层对下等阶层的吸引,恰如阶层之间的互相敌对一样,都有可能发生。在这种情形中,下等阶层的敌对情绪往往采取互相依恋的形式,也就是,敌意是与吸引结合在一起的。"[1]

基于怨恨的社会对立凝聚了人群,从而形成了集体行动。曼瑟尔·奥尔森发现,相对于大的集团,小集团往往能够取得行动的成功[2]。根据经验的观察,中国当下社会怨恨的单向行动多发生于小集团的行动,并且这种行动又往往指向特定的基层政府,并往往取得行动的成功;同样成功的小集团行动又对相关的行为起着激励作用,众多的利益相关者以理性经济人的姿态介入集体行动,从而促进了社会变迁。

社会集团的集体行动一定程度上挑战了既定的政治形态,对政治稳定产生一定的影响,但是应该看到的是,"政治稳定的实质是一种实现有目的变迁的能力,……因此,我们可以把政治稳定同一种得到合理引导的、能够满足最大多数人社会要求的变迁联系起来,而把政治不稳定同一种无法满足人们社会要求,并且使越来越多的人感到失望的变迁联系起来。"[3]

2. 政治改良中社会怨恨的负面影响。"分析任何一个社会系统的主要接点是组织的价值模式。价值模式决定系统(在这里指组织)对其所在的情境采取的基本取向,因而指导个人的参与活动。"[4] 在特定阶段的公共治理中,社会怨恨往往催生了严重的社会不信任感。应该看到的是,中国的市场经济的启动建立在契约精神不足的道德基础之上;而同样伴随着这一

---

[1] 〔美〕L. 科塞:《社会冲突的功能》,孙立平等译,华夏出版社1989年版,第27页。

[2] 〔美〕曼瑟尔·奥尔森:《集体行动的逻辑》,陈郁、郭宇峰、李崇新译,上海三联书店1995年版,第64页。

[3] 〔美〕鲁恂·W. 派伊:《政治发展面面观》,任晓、王元译,天津人民出版社2009年版,第93页。

[4] 〔美〕T. 帕森斯:《现代社会的结构与过程》,梁向阳译,光明日报出版社1988年版,第18页。

道德基础的却是全能政府的制度设计，因此政府既承担着治理失败的政治责任，也承担着社会失范的道德后果。

从治理失败的角度，由于过度牟利及制度供给不足，转型中国的公共治理遭遇重大挑战。近年来在公共卫生、公共教育以及在住房、就业等方面的政策失当，使大量社会个体处于社会边缘，甚至被抛出社会体系之外。社会怨恨的蔓延既反映了政府治理的失当，也可能片面夸大这种政府的失败感，更为深刻的影响在于，社会怨恨的过度宣泄使特定的地方政府面临非常广泛的社会压力，地方政府为了息事宁人，往往都采取对当事人的处理而平息社会怨恨，一些官员的处置可能违背制度程序，而仅仅为了安抚或取悦社会群体，从而不利于制度化治理的建设进程。

同时，由于契约精神不足，社会不信任感弥漫，在"一致"的社会怨恨背后，是社会的高度分裂。由社会怨恨的主体与围观者组成的社会评判者群体本身如果缺乏基于契约至上的内省精神，那么理性的社会评判就可能受到非理性情绪的污染。大量诸如善款挪用的负面报道既批判了中国社会组织的功能性缺陷，也可能摧毁中国社会组织成长的信任基础。因此，基于中国国家社会转型的艰难性，既要看到中国治理的缺陷，更要看到社会成长的不足。

（二）怨恨化解的政府角色。社会怨恨往往对政府治理的手段形成很大的影响。社会怨恨的蔓延使政府重新反观自身的政策输出。事实上，社会怨恨本身以一种对立的社会心理现象乃至社会运动对政府的治理提出了批判，这样的批判本身也可能形成政府治理方式的反弹。在一些地区，蔓延的社会怨恨催生了社会暴力和治理工具的暴力化，并使政府与社会的关系趋于紧张。

1. 从自由主义出发，宽容有着重要的政治价值。政治宽容承认不同权利主体的平等，不同的权利主体对于公共生活都有平等的要求。"作为输入项的需求和压力是政治系统压力的源泉。由需求引起的压力有两种。一是输出失败，无法满足需求……二是需求输入超荷，即沟通通道超载或当局无力负担。"① 当政府无法满足特定人群的权利诉求时，特定社会群体就会被激发出强烈的不满。

事实上，从政府满足群体成员的利益顺序上，也确实存在着一定的不平等。在伊斯顿看来，政治系统的平衡需要首先满足重要成员的要求，"输出并不必然在系统的所有成员中间起一种满足的网络平衡。一些成员所提供的支持通常比另一些成员所提供的支持关系更为重大。为了获得我一直称之为政治上相关成员的支持，可能不必为所有成员提供积极的输出刺激。"② 那些弱势群体往往无法得到政府有效的政策支持更趋于边缘化之后，更失去了制度化利益表达的机制，从而以社会化的手段完成特殊的利益诉求。因此，对于这样边缘化群体的利益表达，政府应当保持政治宽容，并理性回应其利益诉求。

自由主义并不否认个体差异。但是对政治排序充满恶感。自由主义基于权利平等的价值观念出发，要求政府在提供公共物品时，能够维持机会平等。从文化价值系统来看，现代性意味两种全新价值在人类社会中涌现：(1) 工具理性成为社会行动的（制度）正当性的最终依据；(2) 个人权利观念的兴起③。而工具理性与价值理性天然的冲突解释了社会怨恨与政府治理工具的张力。

2. 从政府理性角度，宽容有助于提供政府的治理合法性。罗斯金指出："合法性意指人们内心的一种态度，这种态度认为政府的统治是合法的和公正的。"④ 作者接着指出，合法性的基础是同意，缺乏同意，政府只能依靠高压手段才能维持这种同意。因此，当社会怨恨发生之后，理性政府的政治宽容可以获得多数人群的支持，从而及时修正自身的公共政策，

---

① 俞可平：《权利政治与公益政治》，社会科学文献出版社2005年版，第23页。
② 〔美〕戴维·伊斯顿：《政治生活的系统分析》，王浦劬译，华夏出版社1999年版，第484页。
③ 金观涛：《探索现代社会的起源》，社会科学文献出版社2010年版，第6页。
④ 〔美〕迈克尔·罗斯金、罗伯特·科德、詹姆斯·梅代罗斯、沃尔特·琼斯：《政治科学》，林震等译，华夏出版社2001年版，第5页。

以获得必要的政治合法性。

康德通过对理性的逻辑运用的分析发现，理性推论与直观、与任何可能的经验或经验对象并没有直接的关系，而只涉及知性的概念和判断所表达的知识，对知识与知识加以联结统一，以扩展统觉的综合统一性[①]。古典政治学家把国家治理的重任交给哲学王，因为只有思想家才能维持国家的公平与正义。在民主的雅典，公民共同拥有国家这个共同体，陶片放逐等相关法律的规定把任何试图导致城邦分裂的可能都排除在外，也把阶级差异消灭在初始状态。理性的政府应当建立在充分的思考之上，以宽松的政策输出以充分回应民意。

中国的国家治理长期建立在政治统治的原则之上。在这样的治理模式中，政治秩序被视为所有治理的前提。但是政治优先的原则无助于公共治理的全面建立，恩格斯指出："所有的社会主义者都认为，政治国家以及政治权威将由于未来的社会革命而消失，这就是说，公共职能将失去其政治性质，而变为维护真正社会利益的简单的管理职能。"[②] 在政治革命完成之后，理性的政府将面临重要的转型，社会职能取代政治功能，建立在阶级对立基础上的政治统治让位于建立在公民共同体之上的社会治理，从而赢得更为广泛的政策支持。

三、以社会重建政府：目标、价值与资本

中国地方政府正在面临的是多元社会的挑战，威迪康布委员会（Widdicombe Commission）提到：地方政府的价值观源于其三个属性：（1）多元主义，以此构建了全国政治系统；（2）政治参与，以此形成地方民主；（3）积极反馈，以此提供公共服务，满足地方需求[③]。中国社会管理本身遭遇到的困境本身并非仅仅是社会自身层面的问题，更体现为地方政府变

[①] 易晓波：《论康德的知性与理性》，湖南教育出版社2010年版，第23页。
[②] 《马克思恩格斯选集》第3卷，人民出版社1995年版，第227页。
[③] 〔英〕戴维·贾奇、格里·斯托克、〔美〕哈罗德·沃尔曼：《城市政治学理论》，刘晔译，上海人民出版社2009年版，第164页。

革的时空张力。而当政府与社会的发展出现异步性时,也是政府回归社会的开端。

(一)以社会目标重塑政府目标。政府的目标是提供公共物品,保障公共利益,维护公民权利。在整体性社会无法建立的时候,弥散的社会不信任感潜在地支持每个成员自我实现权利保护、消费公共政策、透支社会资本,群体性暴力行为的发生挑战了政府的边界,也摧毁了社会重建的可能。而当社会暴力成为社会表达的唯一途径时,如果个人、社会目标的实现都无法得到政府的有效支持,个人将全面走上与政府、社会的对抗。

在公民权利保护上,社会目标与政府目标是一致的。在洛克看来,国家是"由人们组成的一个社会,人们组成这个社会仅仅是为了谋求、维护和增进公民自己的利益……所谓公民利益,我指的是生命、自由、健康和疾病以及对诸如金钱、土地、房屋、家具等外在物的占有权"[①]。但是国家层面的治理并不仅仅关注特定群体的特定权利,更要关注社会群体性的目标。因此我们关注的是,在公民权利保护上,国家与社会的一致目标如何走向了对抗。马克思给出了答案:"随着分工的发展也产生了单个人的利益或单个家庭的利益与所有互相交往的个人的共同利益之间的矛盾……正是由于特殊利益和共同利益之间的这种矛盾,共同利益才采取国家这种与实际的单个利益和全体利益想脱离的独立形式,同时采取虚幻的共同体的形式"[②]。也就是说,国家保护着共同的利益,而个体的利益主要通过自身加以实现。我们进一步认为,如果个体目标完全被抛弃在政府目标之外,个体完全可以通过社会来首先实现。而当个体的目标通过社会提取为普遍性目标时,政府的介入就成为必要。因此公民社会可以通过自身的目标凝聚而重塑政府目标,政府发展必须同时兼顾社会和国家,既出台普遍性的公共政策,也要关注特定群体的利益。

[①] 〔英〕洛克:《论宗教宽容》,吴云贵译,商务印书馆1982年版,第5页。
[②] 《马克思恩格斯选集》第1卷,人民出版社1995年版,第84页。

（二）以社会资本重塑政府关系。"郭美美"等事件揭示了当代中国的政府转型和社会发展都遭遇了信任危机，屡见不鲜的政府失约与社会组织负面新闻严重透支了政府信用和社会资本。在布迪厄看来，所谓社会资本是群体成员的生产。社会资本要进行重复的交换，这强化了相互的认可和边界，以反复确认资本的所有权。[①] 在当代中国，社会资本的缺乏有可能催生了社会的分裂，而社会一旦分裂，政府治理的成本就会增加，因为任何公共政策都会导致社会反对，政府为了获得社会的支持而不知所措，甚至导致结构性分裂。而为了避免政府的分裂，暴力往往作为边界控制的唯一手段被滥用；然而，如果想赢得政治合法性，社会与政府之间首先必须形成互信。同样的逻辑，政府关系中的信任缺失给当代中国政府转型设置了门槛，从深圳"行政三分制"到今天的综合执法体制改革，建立在工具层面上的政府合作无法解决政府治理边界不清、权力模糊乃至治理分裂。因此，在政府体系中，也必须同时强化相互的认可和边界，以反复确认资本的所有权。

（三）以社会理性重塑政府理性。阿罗不可能定理表明，无论在何种规则之下的政府决策机制都有可能存在偏差，满足一切代表公共利益的民主要求而且又能避免循环投票困境的决策机制并不存在，从而粉碎了亚当·斯密的"自动公益说"[②]，当代中国日益提高的维稳成本也证明在社会失范的情况下，仅仅以个体利益满足来消弭社会不满也必然是困难的。"集体是共享社会资本的行动者与首要群体的集合体"[③]，仅仅是在社会关系和资源的共享被确立和维持的时候，社会集体才会形成。

韦伯指出："社会学应该称之为一门想解释性地理解社会行为、并且

[①] 〔美〕林南：《社会资本——关于社会结构与行动的理论》，张磊译，上海人民出版社2005年版，第22页。

[②] 张方华：《公共利益观念：一个思想史的考察》，载《社会科学》，2012年第5期。

[③] 〔美〕林南：《社会资本——关于社会结构与行动的理论》，张磊译，上海人民出版社2005年版，第139页。

通过这种办法在社会行为的过程和影响上说明其原因的科学。"① 社会在一体化的过程中，集体性而非仅仅个体的权利保护应该起着重要的作用，这些已经为一些中国城市中流动人口的抱团取暖所证明。虽然在奥克肖特看来，政治中是否存在理性主义是存疑的，但是他也承认正是政治权力的开放使社会拥有了整体性，"社会中享有的结社自由创造了大量的多种多样的社团，以至于可以说我们社会的整合很大程度上靠自愿结社；由于这个原因，我们认为我们的自由扩展了，更安全了。"② 因此，政治理性并不一定存在于工具层面，理性的社会无法简单地建立在激情之上，而是建立在相互权利承认之上。同样理性的政府治理的前提就是对相关利益主体的确认，并在共赢的前提下开展积极的合作。

第四节　全面治理中的制度修复

在反思社会暴力的时候，我们分析了国家与社会的关系、分析了社会变迁中相对剥夺感的获得，也分析了社会暴力边界控制的技术局限。但是从政治制度的张力角度，我们不难看出，社会暴力的形成也与治理无效相关。自上个世纪70年代末期以来，社会与国家的发展异步性使得在国家整体秩序与社会个体自由之间的政治张力就形成了，原有的政治制度不断被撕裂，新的政治制度又面临着特定社会发展的考验，拉长的治理制度与厚重的社会现实之间的距离于是体现为社会暴力等种种社会病症。因此我们之所以研究社会暴力，更多的是关注社会暴力化解之后的制度修复。

一、权力异化中的治理无效

在无效的治理中，腐败形成了政治之癌。在约翰斯顿看来："腐败就

---

① 〔德〕马克斯·韦伯：《经济与社会》（上），林荣远译，商务印书馆1997年版，第40页。
② 〔英〕迈克尔·奥克肖特：《政治中的理性主义》，张汝伦译，上海译文出版社2004年版，第112页。

是追求私人利益而滥用公共角色或资源"。① 这一概念的优点在于有助于我们突破简单权力与腐败的内在逻辑来讨论这一政治之癌对于社会政治的巨大破坏作用。我们更进一步认为,在腐败治理中,政治制度的变迁与信任仍然制约着这个政治之癌的清除。

首先,制度的缺陷与治理的无效。应该看到的是,新中国建立以来,中国的政治制度是面向国家政权的;在对外开放尤其是建立社会主义市场经济体制时,政治制度开始同时面向市场;在市场机制损害了社会公平时,这时候的政治制度开始面向社会。因此,与西方不同,中国现代政府同时面临国家、市场和社会的建设重任,由于缺乏契约精神与公权意识,中国的制度建设首先选择国家成长而非市场与社会成长进行。于是在当代中国的政治叙事中,国家成长是构建的,而市场与社会成长则有着明显自为的历程。

由于国家与社会、市场发展的差异性,公共权力与社会权利的关系仍然有着衔接上的障碍。由于市场和社会发育的自主性不足,国家与社会甚至市场发生权力交换的可能性增加,而腐化正是指公职人员出于私人目的而滥用公共权力和公共资源的行为。腐化行为由四大要件构成:腐化行为的主体、腐化行为的动机或目的、腐化行为的根本手段、腐化行为的后果②。

其次,治理的无效与权力的异化。制度的无效不一定必然导致腐败,但是制度的缺陷有可能导致权力的异化。虽然对于腐败还没有统一的定义,但是学者一般多从以公共职务为中心、以市场为中心和以公共利益为中心的界定模式加以分析③。从腐败的发生学看,权力是腐败发生的第一要素,权力异化有可能正在于私利的获得,而这种私利的获取就是腐败的

---

① 〔美〕迈克尔·约翰斯顿:《腐败症候群:财富、权力和民主》,上海人民出版社2009年版,第12页。
② 何增科:《政治之癌——发展中国家腐败化问题研究》,中央编译出版社1995年版,第1页。
③ 孔德元:《政治社会学导论》,人民出版社2001年版,第21—22页。

过程，这一过程已经被从孟德斯鸠到国际透明组织对于腐败的定义加以确认。

异化的公共权力能否参与公共治理？异化的公共权力是否具有公共性？我们知道，"权力过程是所有政治活动在既定时间内持续运作的一种模式"[①]，当公共权力已经异化，这样的权力运作就是权力异化的过程，也是公权私用与治理腐败的开始。当制度存在缺陷时，异化的权力过程开始被视为平常，甚至在20世纪50年代，经济学家莱弗（Leff）通过价格管制下官员不同反应及其产生的社会福利效应，提出了腐败有利于提高资源配置效率的观点[②]。但是，腐败背后的寻租行为与过度许可设置也同时被经济学家揭示了出来。事实上，即使腐败在一定时期内有着合理性，但是基于制度的不完善而催生的、以牺牲制度正义来换取效率的行为最终仍将毒化制度完善的努力。

第三，制度无效背后的行为无效。政治制度是关于权力的安排，在理性的制度面前，为什么腐败容易滋生？事实上，科学管理的局限正在于，人类的理性是有限的，有限理性设计出来的制度也无法一劳永逸地解决现代治理的复杂问题。在理性力不能逮的地方，道德与自律成为权力行使中的最后屏障。

为了弥补理性不足，德性治理于是同样成为治理者的底线。由于在国家优先的制度设计中，国家及其官员的身份不仅仅意味着职业官僚，更是一种公共利益、公共良知的维护者与示范者，事实上以吏为师的中古传统就彰显了这种官员身份的复杂性。但是在现代社会中，建立在知识垄断之上的治理方式已经逐步瓦解。

腐败是政治之癌，尤其对于发展中国家来说，腐败的蔓延伴随着行为的常态化和批判的冷漠化。但是由于腐败的发生源于制度修正中的功能性

[①]〔美〕哈罗德·D.拉斯韦、亚伯拉罕·卡普兰：《权力与社会：一项政治研究的框架》，王菲易译，上海人民出版社2012年版，第165页。

[②] 徐静、卢现祥：《腐败的经济增长效应：润滑剂抑或绊脚石？》，载《国外社会科学》，2010年第1期。

缺陷甚至结构性不足，于是，从制度缺陷、权力异化到行为无效，腐败从宏观、中观到微观被逐步揭示出来，这种系统性腐败在于：财富和权力之间的种种联系，大大削弱了公开、竞争的参与和经济、政治制度，抑或拖延或阻挠了其发展。从各方面看，系统性腐败问题阻挠了发展理想，并说明参与权和制度存在根本问题。因此，腐败既是发展困境的综合表现，也是了解这些问题性质的诊断工具和一种正在得到强化的动因。①

二、临时制度的信任缺乏

在制度修复滞后的同时，社会的自主性却借助市场经济得到提升，其中社会个体的利益诉求尤其值得关注，因为在行为主义政治学看来，"贯穿政治科学的核心概念不是'政府'与'国家'，而是个体及其行为"②。然而，恰恰是这样的政治叙事格式的转换，一定程度上颠覆了中国政治传统治理的正当性。

首先，单边治理中的信任流失。在现代治理中，由于委托代理关系的确立，治理与信任模型是相对稳定的。传统政治治理格局受到的挑战也多集中体现在公共信任的流失。而讨论政治信任主要关注两个方面的内容：(1) 一个国家或地方政府及其行为在多大程度上得到了一般民众的认可，从而体现政府执政的合法性；(2) 政治信任也是政府政策有效性的基础③。

中国自秦汉以来，政治权力就是建立在纵贯中央到地方的单边政治体制之上的，而以吏为师的传统确立了传统政治体制的道德高地。在这样的政治过程中，政治治理必须无懈可击，因为一旦当这种道德高地逐渐淡化时，作为治理对象的民众就有可能对降低这种基于传统的政治信任。但是

---

① 〔美〕迈克尔·约翰斯顿：《腐败症候群：财富、权力和民主》，上海人民出版社2009年版，第12页。
② 〔美〕哈罗德·D. 拉斯韦尔、亚伯拉罕·卡普兰：《权力与社会：一项政治研究的框架》，王菲易译，上海人民出版社2012年版，第19页。
③ 马得勇：《政治信任及其起源：对亚洲8个国家和地区的比较研究》，载《经济社会体制比较》，2007年第5期。

从许多地方爆发出来的针对官员的信任危机看出,这种基于纵向分权的政治结构仍然有着其致命的缺点,即针对特定官员的信任危机往往会被联想到更多的同样层级、同样地方甚至多数官员身上。于是我们可以想象的是,这种深刻不信任的弥漫的可能方向,甚至可能动摇我们现有的治理结构。

其次,多元参与中的社会怀疑。在民主制度逐渐深化的社会,公众对于政府的信任危机表现尤其集中。"民主制越有凝聚力,越稳定,社会各阶层越可能以同一态度对主要刺激因素作出反应。"[1] 其实"在多元主义者看来,国家并不像传统理论家所认为的那么重要,国家只是一部消极的机器,它反映社会各利益团体之间力量的平衡"。[2] 多元主义颠覆了国家单边治理的正当性,于是作为替代方案,公民社会开始参与治理,在公共治理的理论中,在政府无法有效供给公共服务时,非政府组织的参与可以有效地加以解决。

但是在社会自主性不足的情况下,非政府的组织如何赢得公共信任则成为又一个问题。在萨拉蒙看来,当非营利组织无法得到有效的资源时,志愿失灵就成为可能,于是政府的资助就成为必需。但是政府—非营利组织的合作模式也可能出现新的问题:(1)非营利组织独立性的丧失;(2)非营利组织在追求政府服务资助过程中扭曲自己的使命;(3)非营利组织在过度职业化的过程中变得官僚化而失去项目涉及的灵活多样性[3],而这些无疑又形成新的志愿失灵。由于我国的社会权利源自国家政治权力的退缩,在国家对于社会管制的逻辑下,许多非营利组织往往注册并挂靠政府或者公共部门,从而使这种非营利组织本身就带有着政府官僚属性,也同时兼有政府失灵的内在动因。但是当公共信任的危机指向这些带有政

---

[1] 〔美〕西摩·马丁·李普塞特:《政治人》,张绍宗译,上海人民出版社2011年版,第9页。

[2] 俞可平:《权利政治与公益政治》,社会科学文献出版社2005年版,第217页。

[3] 陶传进:《社会公益供给:NPO、公共部门与市场》,清华大学出版社2005年版,第113页。

府属性的非营利组织时,也给中国的公共治理带来很大的误区:因为在政府治理出现空白时,公众无法指望这些非营利组织能有效弥补公共服务的短缺。

第三,社会抗议的适度安抚。无法弥补的公共服务短缺使公众对于治理质量的不满重新反馈到政府,迫使政府重新提供有效的公共服务,但是在缺乏缓冲地带的政府与社会关系上,由于不当的社会组织管理的制度设计无法化解原先的结构性冲突,社会冲突逐步强化,并有可能形成一定规模的社会抗议。由于制度设计的缺陷,发生的社会抗议可能在各个层次给特定的政府治理形成压力。正如李普塞特所说的那样:"稳定的民主要求在参与竞争的各方政治势力之间保持相对适中的张力。在新的争端出现之前,系统若有解决重大分歧性问题的能力,有助于政治上的缓和。如果让宗教、公民身份和'集体交涉'三个问题积累起来,它们会互相促进,越演越烈,因此,分歧的根源越是互为补充、互为关联,政治宽容的可能性就越小。"[①]

在中国的社会转型期,社会抗议多来自权利的诉求,这就要求政府能够制度化地进行社会安抚,但是现有的制度供给仍然无法实现这样的安抚。在刚性维稳的体制下,地方政府往往承担着化解矛盾的首要责任;但是信访体制的设立尤其是越级上访的默许,事实上又颠覆了地方维稳的层级责任。相互矛盾的制度设计事实上无法化解社会不满,甚至一些事实上对于司法终审决定的"有效"信访,同时否定了我国的横向分权体制,并鼓励特定行政权力的蔓延。在这种内在矛盾的制度运行中,地方政府往往选择适度的、甚至临时的制度运作以安抚社会不满,前文提及的"花钱买稳定"就是其中典型的一种。但是"花钱买稳定"的制度设计必须建立在以下前提之上才是有效的:一是这种赎买必须是针对少数个体发生;二是这种赎买必须在可控的公共监督之下;三是这种赎买必须建立特定的制度

---

① 〔美〕西摩·马丁·李普塞特:《政治人》,张绍宗译,上海人民出版社2011年版,第55页。

如行政赔偿或行政补偿之上。否则,这样的赎买不但无法平息社会不满,更可能激发更多类似的社会事件。

三、治理拼接的制度危机

"政治制度是为了解决人类政治生活的办法。人类生活的客观环境不停地在改变。为了解决环境改变后的新问题,人类的政治制度也不停地跟着改变。目的是为了寻求更好的办法来为大多数人解决问题。"① 因此在特定时期和特定范围,特定的治理方式往往是有效的。但是对于我国的治理传统来说,政策的一致性意味着地方政府的政策范围必须限制在中央政府许可的特定范围,否则就可能形成制度的适用性危机。

首先,制度整体性的分化。国家创造了政府架构,政府治理的背后是稳定的权力架构。莫斯卡这样解释道:"现代政治体制的最大优势在于:它承认自由原则与独裁原则的创造性平衡,议会和地方政务会代表自由原则,而永久性官僚体制则代表独裁原则。而且,我们知道,假如所有政治力量和政治潜能都需要在公共生活中发挥影响,假如所有主权权力相互间都要事先对政治自由必不可少的制约平衡,那么这种共同参与就是必要的。否则,自由只是空谈,没有任何实际的意义。"②

宏观架构上的权力配置在具体制度上得到了确认。在任何国家,都有着无法动摇的基本制度。但是基本政治制度也必然伴生着相关事务性的治理形态,并相互支持现代治理体系。然而,由于我国的快速转型,制度的生长既有其自发性,也存在于地方政府不同的治理目标之间。仍然以花钱买稳定这一临时政策为例,在一些地方政府的旧城改造方面,金钱赎买的政策工具在许多涉及社会稳定性的层面上确实解决了一些难题,这一政策也鼓励了相关公共政策的推出,并逐步成为一种普遍的政策手段。临时政

---

① 冉伯恭:《政治学概论》,台北:五南图书出版股份有限公司2000年版,第2页。
② 〔意〕加埃塔诺·莫斯卡:《政治科学要义》,任军锋、宋国友、包军译,上海人民出版社2005年版,第492页。

策常态化了，而建立在这一常态化政策之上的制度也被默许，于是这一临时拼接的制度既可能鼓励了漫天要价、抬高行政成本，也冲击了现有的正式制度，并给后来的政府管理埋下了苦果。

其次，制度刚性的拉长。整体制度建立在对于中国社会一致的认识之上。但是事实上，"地区之间、社会阶层之间、城市和农村地区之间，在生产率、富裕程度、资源、教育、人口统计学和其他社会变化指数上都存在着重要的差别。在各地区中，在以亲缘关系、民族和其他社会纽带为基础的地方社区之间有可能存在尖锐的差别和冲突。"[①] 正是这种横向的差异性证明了在中国的国家治理和社会治理中，单纯追求一致性并不符合现实。

同时，在中国的政治制度运作中，秦汉以来的纵向分权制度意味着中国治理结构遵循着从政治到行政的纵向授权过程。由于地方政府对于中央政府的复制，中央政府承担着对下级政府政策传递与绩效考察的双重功能，因此，中央政府制定的制度通过纵向的权力结构拉长了，在具体环节上，我们通常把位于权力金字塔顶端的中央政府制定的制度定义为基本法，而位于金字塔底端的地方政府则通过实施法来完成这一制度的运作，就这样，中国的政治与行政体系实现了有序的运行。

第三，政策执行中的制度断裂。任何设计美好的政治制度归根到底必须由公职人员个体即李普斯基所谓的"街头官僚"加以实施，公职人员的行政手段于是成为公众观察政治制度的基本视角，"街头官僚"理论解释了为什么公职人员需要更多的自由裁量权，而这种自由裁量权往往超越了组织权力，而这种超越恰恰可能形成制度的断裂。

并非所有的制度都将可能断裂，但是在治理需要地方政府参与的时候，刚性的制度要求对于多层级的中国政府体系是个巨大的考验。如果制度的断裂使政治分离为中央政治与地方政治，那么在中国政治传统里是难

---

① 〔美〕詹姆斯·R.汤森、布兰特利·沃马克：《中国政治》，顾速、董方译，江苏人民出版社2003年版，第21页。

以接受的。因此,无论是何种形式的一致性,遵循"政策不走样"一直是我国改革开放以来的制度目标。其实,逐步分化的制度伴生着不同的社会诉求。权力结构的自上而下的集权主义传统决定了地方政府必须首先关注中央政府的政策目标;但是宪政之上的地方政府又必须面临地方公众的政策质疑,政策不走样背后的利益一致性的假设不再存在,中央与地方政府间的政策理想与地方现实有可能形成同一制度的断裂。

四、被建构的制度及其生长

在中国的政治叙事中,伦理意义上的制度自觉远胜过制度外在的更新,所谓"治大国如烹小鲜"的封闭体系既强调了大国治理的渐进性,也从一定程度上排除了制度学习的可能性。但是当民主政治价值催生权力结构重组时,系统改革之后的全面治理就成为政治必需。

首先,制度建构与演化。在制度经济学那里,制度有建构主义和演化主义的对立。新制度经济学的著名代表道格拉斯·诺思认为,制度(合理的产权制度)是国家设计的结果,倾向于理性建构主义;著名经济学家哈耶克则认为,制度是自发演进的结果,绝非理性设计的产物。[1] 当然我们知道,任何制度都有建构与生长的共时性,以上二者是从不同的角度对此进行了论证,这种论证本身并不具有排他性。无论是政治学还是经济学,制度都是一套可行的行为规则;同时制度的内在逻辑外化为制度的形式,本身就是一个极其复杂的过程。

与强调个体自由不同,当代中国的政治制度是建构在国家理性主义制度之上的,这种制度本身就强调秩序优先而非自由优先,事实上任何政治制度设计从其产生之日起都会面临着秩序与自由之间的张力,这种张力也正是制度演化的推动力。在20世纪70年代末期之后,尤其是90年代以后,伴随着市场经济体制的推行,建构在平均主义之上的政治制度开始分化,并在市场经济的推动下,逐步吸纳契约之上、机会平等的

---

[1] 郭忠义:《经济转型与制度理念变迁》,辽宁大学出版社2005年版,第9—10页。

政治价值观。而秩序至上的制度，对于个体自由、权利的主张方面的负面作用日益凸显。

其次，制度修复与信任的构建。马克思在《评普鲁士最近的书报检查令》中分析道，官员和任何个体一样，都存在着理性的缺失："你们命令我们信任，同时又使不信任具有法律效力。你们把自己国家的制度估计得如此之高，竟认为它们能使平凡的人——官员成为神圣的人，能替他们把不可能的事情变为可能。"[1] 尽管理性有限，但是制度必须建立在信任之上，并通过立法等形式使之具有普遍的正当性。马克思批评的制度之所以无法取得公信，因为制度本身就混淆了公共领域与私人领域，因而摧毁了制度本身。

在制度经济学那里，制度被定义为由人制定的规则。它们抑制着人际交往中可能出现的任意行为和机会主义行为。制度为一个共同体所共有，并总是依靠某种惩罚而得以贯彻[2]。而公共制度的构建必须建立在公共信任之上，"信任显然是建立社会秩序的主要工具之一。信任之所以能发挥这一功能，是因为信任可以使一个人的行为具有更大的确定性。"[3] 任何政治制度都有不断重建的过程，同样，不断演进的制度始终面临信任重建的过程，但是如果这种重建成为对既有制度的简单否定，那么新的制度也无法持久。

从类型上来看，制度有正式制度与非正式制度之分，两种制度都在公共秩序的构建中发挥了不同的作用。国家的治理往往建立在正式制度之上，即使非正式的制度可以成为公众信任的解决方式。其实制度学派同样承认内在制度的作用，"外在制度不同于内在制度。它们是由一个主体设计出来并强加于共同体的。这种主体高踞于共同体本身之上，具有政治意志和实施强制的权力。外在制度总是隐含着某种自上而下的等级制，而内

---

[1] 《马克思恩格斯全集》第1卷，人民出版社1956年版，第19页。

[2] 〔德〕柯武刚、史漫飞：《制度经济学：社会秩序与公共政策》，韩朝华译，商务印书馆2000年版，第32页。

[3] 郑也夫：《信任论》，中国广播电视出版社2006年版，第113页。

在制度则是被横向地运用于平等的主体之间：对违反外在制度的行为所施加的惩罚永远是正式的惩罚，并且往往要借助于运用暴力。"① 而当外在制度不被信任时，公众有可能更多地依赖内在制度。

第三，全面治理中的制度重建。当代中国的制度性修复伴随着国家与社会的快速转型，各自为政的治理方式与单一的权力结构在社会权利的主张下显得被动，而各自完成的制度建设又可能弱化单一的权力机构。于是地方的制度建设又同时必须关注中央政府的刚性约束。中央与地方、全国与局部、权力与权利之间的矛盾形成了，并逐步强化。

各自为政的治理形态与整齐划一的制度要求之间的政治张力无法通过中央政府、地方政府或者公民个体加以解决，制度性危机的化解仍然需要建立在全面治理与整体政府的思路之上。我们认为，全面治理的价值在于，分散化的单边治理或者公共治理无法解决整体目标与局部目标的分离，而全面治理承认多元目标的正当性，并在多元目标的共同价值下整合为公共目标，局部治理的价值正在于公共目标的实现，而不是违背这一目标。

全面治理中的制度重建承认社会权利，也承认权力的层级与责任相关，即既承认中央政府的权威，也承认地方政府的行动的灵活性。具体而言，在中央与地方政府关系上，主张以列举的形式厘清不同层级政府的责任；只有形成地方政府明确的权力边界，才是地方政府与社会组织横向分权的起点。

本章小结

社会焦虑正在中国催生着群体暴力，并正在瓦解中国的各级政府治理

---

① 〔德〕柯武刚、史漫飞：《制度经济学：社会秩序与公共政策》，韩朝华译，商务印书馆2000年版，第130页。

体系，从而形成整体性的社会与分散化的政府对立。而暴力政治学的逻辑是在制度化不足的情况下，为了实现群体性目标，社会群体以社会抗争的形式进行秩序的挑战，政府则以"维稳"的名义进行国家秩序的边界守卫。这是没有赢家的暴力对抗，而这种对抗的根本原因在于国家与社会双重的不成熟及不成熟制度下的信任缺失，从而导致制度外的政治介入功效的无限放大。

其实，中国的社会暴力主要来自社会生长突破国家边界后的政治紧张，而造成这种紧张本身的危险正可能来自暴力政治的崇尚与蔓延。在过度传播的推动下，只要社会不能实现自我治理，分散的各级政府就可能成为高风险社会后果的承担者。整体性治理就是实现中央与地方社会治理的重新整合，以整体性的政府行为消解社会暴力，以实现社会与政府关系的重建。当然整体性治理也许不是有效的治理方式，但是在化解社会风险方面，在直面社会生长的前提下，整体性治理可以消除政府之间的合作壁垒，并为社会的自我完善提供持续性的政策支持。

在当代中国，社会冲突理论的积极意义还在于一个整体性社会的构建，在于以社会理性来塑造开放的政府体系。政府应该来自社会的授权，社会的变迁也必然催生政府体系的变革。在政治结构难以变革的情况下，虽然实现功能性的突破短期内可以化解社会矛盾，但是无益于新型政府社会关系的构建。政府管理社会的传统逻辑建立在技术基础之上，但是当社会风险治理中的技术手段遭遇价值追问时，技术乃至其后的制度背景都将面临合法性困境。

此外，全面治理的重建需要完备的制度修复，"制度是由不同模式的实践整合而成的。"[①] 今天中国的政治发展建立在经济改革基础之上，但是传统的粗放型的经济发展模式的结束意味着新型市场经济体制的完善，也同时意味着传统的政治体制重新反思的开始。未来政治制度的修复必须满

---

① 〔美〕哈罗德·D. 拉斯韦尔等：《权力与社会：一项政治研究的框架》，王菲易译，上海人民出版社2012年版，第167页。

足以下条件：（1）制度变迁必须防止临时制度的常态化、刚性制度的持久化；（2）良好的制度必须是理性的制度，要逐步放松国家对于社会资源的全面吸纳；（3）政治发展的道路自信既来自良好的公共生活的确认，也反映着社会政治发展的共性目标。

主要参考文献

一、中文著作

1. 《孙中山全集》第 3 卷，中华书局 1984 年版。

2. 陈劲松：《儒学社会通论》，中国人民大学出版社 2007 年版。

3. 陈明明：《所有的子弹都有归宿：发展中国家军人政治研究》，天津人民出版社 2003 年版。

4. 邓正来：《国家与社会：中国市民社会研究》，四川人民出版社 1997 年版。

5. 邓伟志：《变革社会中的政治稳定》，上海人民出版社 1997 年版。

6. 费孝通：《乡土中国》，人民出版社 2008 年版。

7. 顾培东：《社会冲突与诉讼机制》（修订版），法律出版社 2004 年版。

8. 何颖：《行政伦理与社会公正》，吉林人民出版社 2009 年版。

9. 何增科：《政治之癌——发展中国家腐败化问题研究》，中央编译出版社 1995 年版。

10. 金观涛、刘青峰：《兴盛与危机——论中国封建社会的超稳定结构》，法律出版社 2011 年版。

11. 金观涛：《探索现代社会的起源》，社会科学文献出版社 2010 年版。

12. 金耀基：《中国的现代转向》，牛津大学出版社 2004 年版。

13. 孔德元：《政治社会学导论》，人民出版社 2001 年版。

14. 李强：《社会分层十讲》（第二版），社会科学文献出版社 2011 年版。

15. 廉思主编：《蚁族Ⅱ：谁的时代》，中信出版社 2010 年版。

16. 刘创楚等：《中国社会：从不变到巨变》，香港中文大学出版社 2001 年版。

17. 刘平：《1854—1867 被遗忘的战争：咸丰同治年间广东土客大械斗研究》，商务印书馆 2003 年版。

18. 刘宗贤：《儒家伦理：秩序与活力》，齐鲁书社 2002 年版。

19. 林修果：《宗法秩序变迁与行政现代化：以农村城镇化为分析视角》，吉林人民出版社 2006 年版。

20. 马建中：《政治稳定论：中国现代化进程中的政治稳定问题研究》，中国社会科学出版社 2003 年版。

21. 毛磊：《中国的平均主义》，河南人民出版社 1993 年版。

22. 毛寿龙：《政治社会学》，中国社会科学出版社 2001 年版。

23. 钱穆：《中国历代政治得失》（新校本），九州出版社 2012 年版。

24. 宋晓明：《犯罪心理学》，中国人民公安大学出版社 2009 年版。

25. 孙立平：《转型与断裂：改革以来中国社会结构的变迁》，清华大学出版社 2004 年版。

26. 汤一介：《中国儒学文化大观》，北京大学出版社 2001 年版。

27. 王立峰：《惩罚的哲理》，清华大学出版社 2006 年版。

28. 吴忠民：《走向公正的中国社会》，山东人民出版社 2008 年版。

29. 夏立安：《发展中国家的政治与法治》，山东人民出版社 2003 年版。

30. 谢岳：《抗议政治学》，上海教育出版社 2010 年版。

31. 谢岳：《维稳的政治逻辑》，清华书局 2013 年版。

32. 邢义田主编：《家族与社会》，中国大百科全书出版社 2005 年版。

33. 熊易寒：《城市化的孩子：农民工子女的身份生产与政治社会化》，上海人民出版社 2010 年版。

34. 杨士隆主编：《暴力犯罪：原因、类型与对策》，台北：五南图书出版股份有限公司 2004 年版。

35. 于海：《西方社会思想史》，复旦大学出版社 2010 年版。

36. 于建嵘：《抗争性政治：中国政治社会学基本问题》，人民出版社 2010 年版。

37. 张晋藩：《中国政治制度史》，中国政法大学出版社 1987 年版。

38. 张咏梅：《社会学概论》，兰州大学出版社 2007 年版。

39. 张智辉等：《比较犯罪学》，台北：五南图书出版股份有限公司 1997 年版。

40. 赵鼎新：《社会与政治运动讲义》（第二版），社会科学文献出版社 2012 年版。

41. 郑永年：《保卫社会》，浙江人民出版社 2011 年版。

42. 邹谠：《二十世纪中国政治：从宏观历史和微观行动的角度看》，牛津大学出版社 1994 年版。

二、中文译著

1. 《马克思恩格斯选集》第 1—4 卷，人民出版社 1995 年版。

2. 《列宁选集》第 3 卷，人民出版社 1995 年版。

3. 〔古希腊〕柏拉图：《理想国》，郭斌和、张竹明译，商务印书馆 1986 年版。

4. 〔古希腊〕亚里士多德：《政治学》，吴寿彭译，商务印书馆 1965 年版。

5. 〔英〕安德鲁·瑞格比：《暴力之后的正义与和解》，刘成译，译林出版社 2003 年版。

6.〔英〕安东尼·吉登斯:《社会学》,赵旭东等译,北京大学出版社 2003 年版。

7.〔美〕奥尔森:《集体行动的逻辑》,陈郁、郭宇峰、李崇新译,上海三联书店 1995 年版。

8.〔美〕查尔斯·蒂利等:《社会运动,1768—2004》,胡位钧译,上海人民出版社 2009 年版。

9.〔美〕查尔斯·蒂利:《集体暴力的政治》,谢岳译,上海人民出版社 2006 年版。

10.〔美〕查尔斯·蒂利、西德尼·塔罗:《抗争政治》,李义中译,译林出版社 2010 年版。

11.〔美〕达尔:《民主理论的前言》,顾昕、朱丹译,生活·读书·新知三联书店 1999 版。

12.〔德〕E. 弗洛姆:《人类的破坏性剖析》,孟禅林译,中央民族大学出版社 2000 年版。

13.〔法〕古斯塔夫·勒庞:《乌合之众——大众心理研究》,冯克利译,中央编译出版社 2004 年版。

14.〔法〕古斯塔夫·勒庞:《革命心理学》,佟德志、刘训练译,吉林人民出版社 2004 年版。

15.〔美〕哈罗德·拉斯韦尔、亚伯拉罕·卡普兰:《权力与社会》,王菲易译,上海人民出版社 2012 年版。

16.〔瑞士〕汉斯彼得·克里西、〔德〕鲁德·库普曼斯、〔荷〕简·威廉·杜温达克、〔美〕马可·G.朱格尼:《西欧新社会运动:比较分析》,张峰译,重庆出版社 2006 年版。

17.〔美〕吉尔布特·罗兹曼:《中国的现代化》,国家社会科学基金"比较现代化"课题组译,江苏人民出版社 1995 年版。

18.〔美〕杰克·奈特:《制度与社会冲突》,周伟林译,上海人民出版社 2009 年版。

19.〔美〕卡尔·A. 魏特夫：《东方专制主义》，徐式谷等译，中国社会科学出版社1989年版。

20.〔英〕凯特·纳什等：《布莱克维尔政治社会学指南》，李雪、吴玉鑫、赵蔚译，浙江人民出版社2007年版。

21.〔美〕L. 科塞：《社会冲突的功能》，孙立平等译，华夏出版社1989年版。

22.〔法〕卢梭：《社会契约论》，何兆武译，商务印书馆1980年版。

23.〔美〕露易丝·谢利：《犯罪与现代化：工业化与城市化对犯罪的影响》，何秉松译，中信出版社2002年版。

24.〔美〕罗伯特·杰克曼：《不需暴力的权力：民族国家的政治能力》，欧阳景根译，天津人民出版社2005年版。

25.〔美〕罗伯特·K. 默顿：《社会理论和社会结构》，唐少杰等译，译林出版社2006年版。

26.〔英〕洛克：《政府论》（下篇），叶启芳、瞿菊农译，商务印书馆1964年版。

27.〔德〕马克斯·舍勒：《价值的颠覆》，罗悌伦等译，生活·读书·新知三联书店1997年版。

28.〔德〕马克斯·韦伯：《经济与社会》（上），林荣远译，商务印书馆1997年版。

29.〔德〕马克斯·韦伯：《经济与社会》（下），林荣远译，商务印书馆1997年版。

30.〔美〕迈克尔·罗斯金、罗伯特·科德、詹姆斯·梅代罗斯、沃尔特·琼斯：《政治科学》，林震等译，华夏出版社2001年版。

31.〔法〕米歇尔·福柯：《癫狂与文明——理性时代的精神病史》，金筑云译，浙江人民出版社1991年版。

32.〔印度〕帕萨·查特杰：《被治理者的政治：思索大部分世界的大众政治》，田立年译，广西师范大学出版社2007年版。

33.〔法〕佩雷菲特:《停滞的帝国——两个世界的撞击》,王国卿等译,生活·读书·新知三联书店 1993 年版。

34.〔法〕乔治·索雷尔:《论暴力》,乐启良译,上海人民出版社 2005 年版。

35.〔美〕塞缪尔·亨廷顿:《变革社会中的政治秩序》,李盛平等译,华夏出版社 1988 年版。

36.〔法〕索菲·博迪-根德罗:《城市暴力的终结》,李颖、钟震宇译,社会科学文献出版社 2010 年版。

37.〔美〕T. 帕森斯:《现代社会的结构与过程》,梁向阳译,光明日报出版社 1988 年版。

38.〔美〕西摩·马丁·李普塞特:《共识与冲突》,张华青等译,上海人民出版社 2011 年版。

39.〔美〕西摩·马丁·李普塞特:《政治人》,张绍宗译,上海人民出版社 2011 年版。

三、英文著作

1. Avisay Margalit, *The decent society*, Cambridge: Harvard University Press, 1996.

2. Clifford Geertz, *Agricultural Involution: The Process of Ecological Change in Indonesia*, Berkeley and Los Angeles: University of California Press, 1963.

3. Douglass C. North, John Joseph Wallis, Barry R. Weingast, *Violence and Social Orders: A Conceptual Framework for Interpreting Recorded Human History*, Cambridge University Press, 2009.

4. Henri Lefèbvre, *The production of space*, trans. Nicholson-Smith, Danold, Oxford: Blackwell, 1991.

5. Jakob Amoldi, *Risk: A Introduction*, Malden: Polity Press, 2009.

6. Michael Lipsky, *Street-level Bureaucracy: Dilemmas of the individual in public services*, New York: Russell Sage Foundation, 2010.

7. Neil J. Smelser, *Theory of Collective Behavior*, New York: Free Press, 1962.

8. Thomas J. Bernard, *The Consensus-Conflict Debate: Form and Content in Social Theories*, New York: Columbia University Press, 1983.

9. Ted Robert Gurr, *Why Men Rebel*, Princeton: Princeton University Press, 1970.

10. Udo Pesch, "The Publicness of Public Administration", *Administration & Society*, 2008, Vol. 40.

后 记

当我即将停止键盘敲击的时候,又传来了关于新疆和田县群体聚集闹事事件的报道,这一事件距离6月26日鄯善暴力恐怖袭击案件仅仅过了两天。我不免感到沮丧,在我们正需要一个稳定有序的社会时,需要一个繁荣民主的国家时,社会暴力却以前所未有的残酷与破坏冲击着我们的努力。

今天的中国社会正在浓缩着西方数百年的社会变迁,而我们的现代政府与公共治理体系尚未完全建立。于是一个日益强大的社会体系与一个经验不足的治理体系之间的张力出现了。这种张力往往先在国家与社会的边缘地带发生,首先对我国的基层政府形成冲击。由于缺少制度化的安排,地方政府在应对社会暴力时显得力量薄弱,疲于应付。而一个迷信暴力的社会也注定无法成长为一个成熟的社会。因此在社会暴力的化解中,重构治理体系、呼唤理性回归,既是政府成长的责任,同时也是社会自觉的义务。

在对于社会暴力的研究中,我是有顾虑的。社会学、政治学、法学已有的研究成果已经十分丰富,在广泛的阅读中,我深深为各个领域的先行者在这一领域作出的理论贡献所折服。作为一个政府理论的后学者,是否有能力从这些社会暴力的发生与控制中寻求政府发展的一些思路,成为鼓舞我完成这本小书的微弱动力。在思考的过程中,本书中的一些观点已经先行在《甘肃社会科学》、《学习与探索》等期刊发表,这些成就也成为我持续思考的重要力量。

后　记

　　要感谢很多给予我的思考以帮助的人，感谢宁廷陆、沈洁莹、王雪琦、贠栋、郭竹馨等我的历届研究生，无论远在海外，还是就在我的身边，他们都始终关注并支持着我的研究，使我感到温暖。值得庆幸的是，这本小书也得到了华东政法大学政治学与公共学院的经费支持，我的同事吕晨老师为这本书的出版付出了很多努力，在此一并感谢；我还要感谢中央编译出版社的编辑老师，感谢他们耐心细致的工作。当然本书中一定还有很多不足，我也真诚希望得到各位专家读者宝贵的批判与建议。

姚尚建

2013 年 6 月 30 日